L'Institut Charles Cros présente

Savoirs de Frontières

Image, Écriture, Oralité

Collection « Éthiques de la création »

Savoirs de Frontières

Image, Écriture, Oralité

Sous la direction de Sylvie Dallet et Élie Yazbek

L'Harmattan

5-7, rue de l'École-Polytechnique ; 75005 Paris
http://www.harmattan.fr
diffusion.harmattan@wanadoo.fr
harmattan1@wanadoo.fr
ISBN : 978-2-343-02250-5
EAN : 9782343022505

La collection **Éthiques de la Création**, proposée par l'Institut Charles Cros (www.institut-charles-cros.eu) est coéditée avec l'Harmattan, sous la responsabilité éditoriale de Sylvie Dallet, Georges Chapouthier & Émile Noël. L'Institut Charles Cros traite et expérimente les relations des arts avec les nouvelles technologies et les sciences, dans une dimension qui ouvre sur les usages de société et questionne la transmission des savoirs. Cette collection rassemble des textes de combat aux formes diverses, dans une dimension éthique et interdisciplinaire conjuguée, qui valorise une «recherche-création» attentive aux mutations contemporaines.

Titres disponibles de la Collection « Éthiques de la Création » :

Sylvie Dallet, Georges Chapouthier, Émile Noël (dir) : *La Création, définitions et défis contemporains*, 2009

Élie Yazbek (coordonné par) : *Images et éthique*, 2010

Sylvie Dallet & Émile Noël (dir) : *Les territoires du Sentiment océanique*, 2012

Sylvie Dallet & Élie Yazbek (dir) : *Savoirs de frontières*, 2014

Remerciements relecture :

Gilbert Schoon

Remerciements et crédits maquette :

Sylvie Dallet : « Le songe de Beyrouth » (affiche originale du colloque « Savoirs de frontières », 2012)

Josiane Lépée (josianelepee@ateliermetiss.com) : graphisme couverture

Cet ouvrage a reçu le soutien financier de l'Université Saint-Joseph du Liban.

La collection Ethiques de la Création, proposée par l'Institut Charles Gide

Sommaire

Préface

Beyrouth, la rencontre : principes d'une introduction raisonnée

Sylvie Dallet et Élie Yazbek

Nous avons chéri, pour la plupart d'entre nous, l'utopie des « Savoirs sans frontières ».

Si cette utopie reste nécessaire à la vie de l'esprit en plan large, il nous semble important d'attirer l'attention sur un espace incertain et mouvant, toujours renouvelé dans le vécu de l'espace des territoires et le temps des savoirs.

Le titre de « Savoirs de frontières » pose en effet la question entêtante du concret des relations et du « vivre ensemble » des connaissances, dans leur inattendue diversité. Il ne s'agit pas de bâtir sur cette remarque un miroir inversé de l'utopie dominante, mais de souligner combien les contiguïtés et les marges forment le socle fécond de la pensée, capable d'anticiper sur les développements de la recherche scientifique, artistique et sociétale.

Le propos de cet ouvrage, au titre énigmatique, est donc, au travers de multiples exemples, d'aborder les savoirs par les territoires des lisières, des limites et des seuils. Il s'attache à suggérer des savoirs flottants, qu'il devient indispensable de comprendre en profondeur. Dans la frontière, le vivant se déploie et se reconfigure : c'est là ou l'inattendu, la *boite noire* de la prospective peut révéler des sagesses et des astuces, des énergies souterraines que les formes vont interpréter à leur façon. Le rivage, le delta, la montagne, la muraille sont des pertuis de création.

Ces « Savoirs de frontières » sont au cœur même d'une recherche concrète, qui s'attache à son objet dans sa densité, qui libère la créativité plus qu'elle ne domestique son sujet à la chaine des résultats et des gouvernances : ces savoirs concrets ne forcent pas les serrures, mais les observent, les huilent parfois et en font jouer les ressorts secrets.

Accoler la pluralité des savoirs à la multiplicité des frontières humaines, qu'elles soient physiques, normatives ou artificielles, force à penser la différence et nous permet de penser le monde dans une relation dense et ouverte : là, le temps distend son œuvre, la raréfie, la magnifie ou l'emprisonne. Là, l'espace contracte ou permet la rêverie au même titre que la recherche. La traduction sensible des frontières dans le langage des mœurs et des comportements implique le respect et la prudence, ce que l'on peut résumer à un quotidien de l'éthique.

Comme les parties d'un Grand jeu cosmique sur lequel des générations ont rêvé, le jeu renouvelle des récits du monde, qu'ils soient artistiques ou scientifiques, et reste fortement relié aux expressions de l'imaginaire, lui-même dépendant des espaces de vie. Accepter le *bougé constitutif* que supposent les « Savoirs de frontières », c'est, s'accomplir dans un monde où règne l'incertain.

Dans cette perspective, accoler fortement la brillance de nos savoirs (et pour combien de temps ?) à la démarcation plus obscure des frontières (qui sont également des repères), engage à penser un monde en évolution constante, migrateur et mystérieux, dans lequel la démarche du chercheur, aux avants postes des mutations, retrouve comme le Petit Poucet du conte, les traces du chemin collectif. Le séminaire international « Savoirs créatifs, savoirs migrateurs », à l'initiative de Sylvie Dallet, a situé le thème des « savoirs de frontières » à la cinquième place des sept étapes nomades, dans l'espoir profond qu'il puisse pleinement s'incarner à Beyrouth. De ce côté de la Méditerranée, Élie Yazbek, partenaire depuis son origine du programme transdisciplinaire et international « Éthiques de la Création », avait conçu avec l'équipe de l'Institut d'études scéniques, audiovisuelles et cinématographiques (IESAV) de l'Université Saint-Joseph une réflexion mul-

tiple, « Image, Écriture, Oralité » sur les liens que ces trois expressions nouent avec les formes artistiques.
Le colloque s'est déroulé les 6 et 7 décembre 2012, dans la belle atmosphère du Théâtre Béryte sur le Campus des Sciences humaines de l'Université Saint-Joseph du Liban. Le Recteur de l'Université, Salim Daccache, nous a fait l'honneur de l'inaugurer par une allocution, qui révélait sa passion pour la photographie. Réunissant une quinzaine d'intervenants internationaux, ce colloque était également associé à une exposition de « Livres pauvres », apportés par le fondateur mallarméen du dispositif, le poète Daniel Leuwers. L'initiative du Livre pauvre, crée en trois exemplaires par l'association unique d'une phrase poétique avec un dessin ou une peinture, offre une dimension itinérante, raffinée et populaire, au traditionnel livre d'artiste. Venus dans la valise du poète, ces petits livres d'art, nouveaux objets de désir, ont suscité des vocations : pour exemple, Daniel Leuwers et Sylvie Dallet (également créatrice de l'affiche du colloque beyrouthin) ont « écrit-imagé » un petit livre dédié à Élie Yazbek, qu'ils ont façonné ensemble sur le bureau de l'IESAV. « Savoirs de frontières » a également préfiguré le Festival international du court métrage des écoles de cinéma (le FICMEC, organisé tous les deux ans par l'IESAV), qui s'est inscrit dans sa continuité.

Disons également quelques mots sur l'ambition originale de notre séminaire « Savoirs créatifs, Savoirs migrateurs ». Le séminaire international nomade « Savoirs créatifs, savoirs migrateurs », issu du programme « Éthiques de la Création » a été lancé pour irriguer les réflexions et des pratiques sur les mutations des savoirs contemporains. Il comporte sept thèmes de socle (*Bibliothèques & savoirs éthiques, Patrimoine, Art & Nature, Handicaps créateurs, Éthiques du goût, Savoirs de frontières, Ressources de la Créativité, Métamorphoses des Lieux & territoires de demain*), organisés depuis 2012 par sept équipes différentes sur sept lieux symboliques, afin de tester sur observatoires multiples la validité de nos propositions. Ces espaces culturels de travail interdisciplinaires sont conçus comme autant de passerelles territoriales, européennes et de la francophonie. Le dispositif de la coresponsabilité scientifique (coordination générale et spécifique) associe des chercheurs avec des artistes, des représentants des collectivités territoriales et des institutions de la société civile. La *circum navigation* humaniste de ce séminaire associe toujours des foyers de pensée à des foyers de création.

Forger une rencontre créatrice qui signale les liens entre nos savoirs, les frontières, l'image, l'écriture et l'oralité, nous a semblé évident. Dès lors, la fusion des deux thèmes de départ s'est caractérisée et incarnée sur un terrain de recherche, démultipliant les hypothèses de départ. La puissance du lieu (le *Genius loci* des Anciens), le pari des personnes, le parti pris migratoire du séminaire, renouvellent en profondeur les approches épistémologiques traditionnelles et préparent, nous l'espérons, la prise de conscience universitaire des enjeux épistémologiques du présent.

Pour ce faire, il fallait paradoxalement créer les conditions de la confrontation, de l'indiscipline et de l'écoute mutuelle. Repenser la frontière comme un lieu de rencontre à l'inconnu, repenser les disciplines au travers ceux qui s'y adonnent. Nous avons ressenti l'absolue nécessité du mélange des voix, des genres et des styles d'expression. Si la poésie, la traduction, le montage s'offraient à nous en premier choix, la réflexion sur l'intime et la société nous a amenés vers l'ethnologie, l'histoire ancienne, le dialogue des images et des sons et la philosophie dans la pluralité de leurs expressions. Le bouquet coloré des contributions de ce recueil suggère, au-delà des fleurs apportées par chacun, un paysage de la recherche internationale « de pointe » (au sens que lui donnait Baltasar Graciàn), celle qui ne se satisfait pas des rencontres habituelles, ni de la gestion quantitative des données. Les articles suggèrent des œuvres et des lectures singulières qui restituent au monde sa richesse de formes, de conceptions et d'attitudes.

L'offre interprétative de ce monde doit désormais placer à égalité les apports des images, des textes et des sons. Chacun a travaillé ses mots et ses analyses dans le droit fil d'un questionnement sur les formes multiples des savoirs. Ces textes révèlent, au-delà de l'information qu'ils véhiculent, des approches créatives, attentives aux matériaux les plus humbles de l'expression, dans leur relation au brut, à l'intime, à la voix, à l'image, au précieux comme au populaire. De fait, ces savoirs subtils, attachés à des études de cas, sont libératoires, car ils sont attentifs aux repères de franchissement, aux rituels qui rendent ces passages plus doux, plus compréhensibles à l'esprit qui les espère.

Il n'est pas d'apprentissage réussi sans franchissement de limites, qu'elles soient esthétiques, symboliques, sociales ou de représentation. Nous avons en commun avec les animaux des savoirs de frontières qui, le plus souvent sont refoulés comme des techniques. L'expérience de ce livre resitue pour décrire ces savoirs frontaliers, les expériences exploratoires de la recherche, dans la perspective de l'éthique et du bien commun. Ces passages nécessaires restent à la mesure des changements qualitatifs de notre époque. N'est-ce pas là le propre d'une vision ou d'une philosophie que les intellectuels réclament sans bien l'identifier ? Sur nos frontières, comme partout, il y a des sentinelles, des passeurs, des contrebandiers et des fugitifs. Il y a également des offres de nouveaux paysages. En d'autres termes, plutôt que de « trouver l'ultra solution » qui ne réussirait, comme l'expliquait naguère le sociologue de Palo Alto Paul Wazlawick, qu'à « nous faire échouer », restons à l'écoute de ce que les seuils ont à nous apprendre. Les savoirs de frontières rendent les savoirs à leur vocation première, celle de déconditionner les chemins et de libérer la pensée.

Ce livre est issu de ce constat, tout imprégné de Beyrouth et de cette mise en commun improbable et attentive, des expressions d'un groupe de chercheurs qui, au-delà des frontières de leurs spécialités respectives (et des conflits idéologiques que la spécialisation suppose), ont su se parler et cheminer ensemble. Certains espaces contrastés prédisposent à une traduction sensible, suscitant des récits et de l'Histoire : ces récits conjugués et multiples, sentinelles imaginatives du dialogue pacifique, favorisent en retour la créativité et l'innovation, ces franchissements allègres de l'art et de la technologie. L'Histoire, nous le savons, n'est pas une succession d'expériences médiocres ou héroïques, mais une confrontation d'expériences, de bifurcation et de seuils à passer.

Nous rendons compte par ce recueil de la richesse de cette étape, en remerciant du fond du cœur la forte personnalité de nos amis d'aventure (Jacques Arnould, Roger Assaf, Farida Benlyazid[1], Jean-Louis Bompoint, Pascal Dibie, Carine Doumit, Florence Dupont, Jarjoura Hardane, Isabelle Lassignardie, Daniel Leuwers Gaby Maamary, Paul Mattar et Kenneth White). Ils ont bien voulu prêter leurs talents au Grand Jeu qui leur était proposé : offrir par le recours aux observatoires et aux éclairages multiples, une potentielle solution aux mutations sociétales, conçue dans une systémique heureuse qui, comme la biologie et la géologie le démontrent, se métamorphose au contact des autres disciplines.

Beyrouth, de la rencontre… aux passages des mondes.

[1] L'intervention de la réalisatrice Farida Benlyazid étant axée sur les images et ses films, elle n'a pas donné lieu à un exposé écrit.

Avant-propos

Vers un monde ouvert

Kenneth White

Le thème du colloque, « Savoirs de frontières », est fondamental, et l'autre volet de la thématique : « Image, Écriture, Oralité », me semble tout autant significatif : non seulement comment *exprimer* le savoir une fois acquis, mais comment accompagner le processus même du savoir. Il ne peut s'agir dans mon esprit d'une simple rencontre (encore une, dans un contexte plus ou moins multidisciplinaire), entre science et art, épistémologie et esthétique, mais du développement et du déploiement d'une science-art, d'un art-science des limites, susceptible de transformer les structures de notre monde, et d'ouvrir un nouveau champ.

Procédons étape par étape, dans l'esprit de ce que j'appelle le nomadisme intellectuel.

Le nomade intellectuel tel que je le conçois n'est ni l'intellectuel idéaliste (platonique), ni l'intellectuel engagé, souvent trop hâtivement (on peut penser à Jean-Paul Sartre), ni, phénomène plus récent, l'intellectuel médiatique qui commente à la petite semaine les événements de l'actualité. Le nomade intellectuel traverse des territoires, parcourt des cultures, il essaie d'ouvrir un nouvel espace de pensée et de vie. Précisons que, sur le plan perspectiviste, le nomade intellectuel n'est ni optimiste, ni pessimiste, il est possibiliste.

Je n'ignore rien, personne dans cette salle n'ignore rien de l'histoire de ces derniers quarante ans au Liban. Dans une arène faite de politique, d'idéologie et de religion (une trilogie redoutable), où se confrontaient nation et nation, communauté et communauté, clan et clan, nous avons assisté à une suite quasi ininterrompue de bruit et de fureur.

J'ai eu longtemps en tête une tout autre idée du Liban. Cela remonte à mes lectures d'enfance et aux images du Nouveau Testament que je lisais alors : images du mont Hermon et de ces ports phéniciens, dont Tyr, d'où sont partis des marins dont les navigations méditerranéennes ont fourni la matière première de ce grand poème épique qu'est l'*Odyssée*. Je connaissais aussi, bien sûr, dans l'Ancien Testament, la malédiction lancée par Ézékiel contre Tyr : « Je ferai ternir l'éclat de ta poésie, tu ne seras plus jamais rebâtie. » On a entendu ce genre de chose, à travers l'Histoire, partout dans le monde. Mais la vie, malgré tout, continue. Tyr a été rebâtie. On peut toujours rebâtir. Le difficile, c'est de repenser, en dehors des cadres traditionnels et des identités établies, dans un contexte où les frontières sont incertaines, les limites indécises.

Que le Liban ait toujours été un pays frontalier, c'est l'évidence même. Tout d'abord, il est situé entre l'Europe et l'Asie, entre l'Occident et l'Orient. C'est à cause de cette situation que tant de nomades intellectuels occidentaux, arrivés aux limites de leur tradition, et au bout de leur identité personnelle sont passés par ici. Je pense en particulier à Chateaubriand essayant de repenser et de redire le monde après les convulsions révolutionnaires, à Lamartine, à Gérard de Nerval. Je pense aussi aux colloques Orient-Occident organisés pendant des années ici à Beyrouth. Mais si j'ai commencé par évoquer des pèlerins-chercheurs venus d'Occident, je n'ignore pas, même si je connais moins leurs noms, que beaucoup de nomades intellectuels issus non seulement de l'Asie dite « antérieure », mais d'une Asie plus lointaine, sont venus dans tout ce territoire montagneux pour vivre, penser et méditer.

Le résultat de toute cette migration des esprits, c'est qu'à mes yeux le paysage est marqué d'une aura eschatologique.

Dans l'usage courant de nos jours, le terme d'« eschatologie » a une connotation exclusivement religieuse : c'est une branche de la théologie qui traite de la mort et de la résurrection, de la fin du monde et de l'état futur.

Je le dé-théologise, le radicalise, en lui donnant un autre espace, bien terrestre : existentiel et intellectuel.

L'étymologie m'y autorise.

Dans les premiers textes grecs classiques, l'adjectif *eschatos* a le sens de « excentré », « tout au bout », « au fin fond ». Homère l'emploie pour évoquer des territoires inhabités, sauvages, pour parler de la pointe extrême d'une île. À partir de là, j'extrapole, pour inscrire sur notre carte culturelle une « zone des confins » mentale. Si le poète Homère s'aventure dans les *eschatoi*, les savants et les philosophes s'en méfient. Strabon le géographe ne veut pas s'y intéresser. Tacite, historien, confronté à la Germanie, s'en tient à ses préjugés, à ses présupposés. Pour les penseurs civilisés, le jugement est péremptoire : les gens de ces contrées n'ont pas de civilisation, ce ne sont que des nomades sans foi ni loi. Il a fallu attendre Ératosthène, bibliothécaire à Alexandrie, poète, philosophe, historien, géographe, mathématicien (on l'appelait *Penthathlos*, l'homme des cinq disciplines, des cinq savoirs) pour se moquer de l'esprit borné des citoyens d'Athènes.

C'est que la dialectique primordiale entre centre et périphérie, entre partisans de la gréco-romanité et barbares, ne pouvait être dépassée facilement, ni trouver rapidement un aboutissement satisfaisant. D'ailleurs, l'Histoire ne résout jamais les problèmes, elle passe seulement d'une superficie à l'autre. Mais à un moment où le monde classique était menacé à la fois par une « barbarisation » venue de l'extérieur et par cette barbarie de l'intérieur que l'on appelle décadence, deux écoles philosophiques, celle de la Stoa (de Zénon à Sénèque et Marc Aurèle), celle du Jardin (Épicure, Lucrèce), me semblent avoir su adopter des attitudes adéquates, et élaboré une activité lucide, sans illusion. Ces deux écoles s'adressent à l'individu, quelles que soient ses origines, Gréco-Romaines ou barbares (Zénon lui-même est Phénicien), et toutes les deux situent l'être humain à la limite de lui-même, en dehors de tous les cadres mythologiques, religieux et métaphysiques commodes et confortables, dans un champ où la physique rejoint la logique et la logique l'éthique. À la base, un matérialisme dynamique, des corps dans l'espace, une tension de forces et de formes, genèses et fins de monde : clivages (*clinamen*) et conflagrations (*ekpyrosis*), tout cela, sensations et impressions, compris par une l'intelligence vigoureuse (la *phantasia katalêptike*, la « présentation compréhensive », qui n'a rien à voir avec la fantaisie ou l'imaginaire). Avec cela, un style de vie : frugalité, économie, afin d'assurer la liberté, l'indépendance ; une indifférence de fond (*ataraxia*), surtout vis-à-vis des masses et des meneurs de masses, mais qui n'exclut pas la critique sociale radicale ; la recherche d'un bonheur profond, soit dans la quiétude (catastématique), soit dans le mouvement (cinétique) ; un certain goût de la distance et du silence. Et le travail de l'expression claire : étude de la grammaire et de la logique ; usage efficace et ouvrant de la parole, soit par la dialectique rapide, soit par la diatribe plus rude, soit par la rhétorique plus développée ; et des écrits – les lettres d'Épicure, son livre (perdu) sur la Nature.

Nous sommes là dans les parages de cette théorie-pratique des frontières, qui réunit plusieurs disciplines, plusieurs savoirs, en les densifiant, en les projetant, en les articulant, que j'ai appelée *géopoétique*, et qui a pour but ultime une mondification.

À l'approche d'un territoire, j'ai d'abord recours à la géographie. C'est que, comme le dit le géographe Éric Dardel dans son livre *L'Homme et la Terre*, la géographie, radicalement comprise, est une science-limite dont « l'objet reste, dans une certaine mesure, inaccessible, parce que le réel dont elle s'occupe ne peut être entièrement objectivé. » Et pour voir l'extension, l'expansion de la géographie vers ce que j'appelle la géopoétique, il suffit de lire plus loin dans le livre de Dardel, où il évoque la nécessité de « *sauvegarder, par la poésie ou simplement par une pensée affranchie, la source où se retrempe sans cesse notre connaissance du monde extérieur* » (c'est moi qui souligne).

Dans ces préliminaires, je me réfère plus volontiers, sauf exception, à de vieilles cartes et à des textes anciens, tout simplement parce que l'attitude générale y est moins scientiste, et que l'expression y est souvent plus riche.

Ouvrant donc une de mes « bibles », la *Géographie universelle* d'Élisée Reclus, je contemple la carte de « l'Asie antérieure » qui se trouve à la fin du volume IX, et je lis à propos du Liban, ce texte :

« Dans son ensemble, la chaîne de montagnes est composée de dolomites, de calcaires grossiers, de marbres, de grès et de marnes, que les basaltes ont percés sur d'innombrables points sans déranger ces assises. Les roches sont coupées de fissures d'une grande profondeur, qui affectent en général la direction du nord au sud et de l'est à l'ouest et qui partagent le Liban en massifs distincts, formant comme des citadelles. Ce relief des montagnes explique l'état d'indépendance relative dans lequel se sont maintenues les populations. »

Cela suffit pour me donner les grandes lignes.

Si j'étais dans le pays, cette première approche, cette lecture des « lignes du monde », serait suivie par quantité de déambulations, de contemplations, de méditations dans le territoire même. Ici, à cette occasion, je dois m'en tenir aux principes de la géopoétique, aux méthodes de la géopoétisation.

Posons comme préalable, comme axiome, que ce que nous désirons tous, c'est un monde vivable. Or, dans l'usage très ancien du mot « monde », il y a l'idée à la fois d'une rencontre de forces (des gens venus de divers territoires mettaient dans un même lieu, *mundus*, un peu de leur terre natale) et une idée esthétique, comme dans le grec *kosmos* (que nous ne retrouvons aujourd'hui que dans le mot *cosmétique*), et qui n'existe plus en français qu'au négatif : *immonde*.

Dans le vocabulaire géopoétique, un monde émerge du contact entre l'esprit humain et la terre. Quand le contact est sensible, intelligent, subtil, nous avons un monde au sens plein de ce mot. Quand le contact est brutal et stupide, nous n'avons plus de monde, seulement une accumulation d'immonde.

Je vous laisse appliquer cette notion à l'histoire ancienne et récente.

Au début de mes propres travaux, le premier concept synthétique que j'ai trouvé était celui de « monde blanc ». Il y avait à ce terme plusieurs fondements, allant d'une phénoménologie (prolifération de phénomènes blancs dans le territoire que j'habitais : vagues déferlantes, cailloux de quartz, ailes d'oiseaux de mer, écorce des bouleaux, neige sur les hauteurs) à la notion abstraite d'un espace non codé, en passant par la notion d'une identité où il n'y a presque pas de séparation entre l'être et l'environnement, entre soi et le monde, une identité décrite dans certains textes de l'Extrême-Orient comme « une poignée de neige dans un bol d'argent » ou « un héron blanc à la clarté de la lune ».

J'ai fini par écarter ce terme après avoir constaté que trop de gens y voyaient de l'idéalisme, voire du spirituel. Alors que dans mon esprit, l'idéalisme, le spiritualisme, l'imaginaire même, sont la marque d'un réel appauvri. C'est le réel terrestre qui m'intéresse, un grand Réel bien perçu, bien compris, bien vécu.

C'est pour cela que j'ai commencé à parler de *monde ouvert*.

Tout territoire est ouvert si on le comprend bien. Quelques notions de géologie permettent de relier la chaîne de montagnes locale à d'autres chaînes à travers le monde. Le moindre ruisseau mène à une rivière, la rivière à un fleuve, le fleuve à l'océan. Un peu d'ornithologie introduit à la migration des oiseaux, un peu d'anthropologie et de linguistique à la migration des peuples et des langues.

Ce qui nous amène à la question de l'expression, déjà évoquée plus haut quand je parlais des écoles grecques de la Stoa et du Jardin. Comment articuler de la manière la plus complète et la plus percutante possible tout ce mouvement, toute cette plénitude, toute cette ouverture ?

Comment écrire afin de découvrir du réel à chaque pas ?

Je dirais d'abord, au moyen d'une prose qui ne soit pas confinée dans le genre du roman. Le romancier se donne nécessairement pour tâche de décrire tel ou tel aspect de la condition humaine. C'est une écriture descriptive, parfois analytique. Mais d'autres écritures sont possibles, basées sur l'idée de *déconditionnement*, permettant d'aller d'un système clos à un système ouvert.

Ensuite, par une poésie qui soit autre chose que la projection de résidus mentaux (trop humains) sur le monde : une poétique de la perception, du mouvement et de la méditation, qui traverse les territoires, suit les méandres des cours d'eau, et s'écrit au moyen d'« un style de vieille roche et qui sent son bon lieu » (Théophile Gautier).

La connaissance elle aussi, comme je l'ai indiqué plus haut, a un rôle important à jouer. Je pense à la lecture des couches géologiques, à celle du système hydrographique, à l'étude des migrations, à celle de la croissance organique. Et à l'effort de traduire ces éléments de connaissance d'un langage scientifique dans un langage vivant, où, à l'exactitude logique se joint une présence sensible au monde, et une pensée dynamique.

J'évoque là les trois sortes de livres que j'écris : l'essai, la prose narrative, le poème. Une pratique trilogique donc, que j'ai souvent comparée à une flèche : les pennes, qui donnent la direction, sont les essais ; la tige de la flèche, c'est la prose narrative ; la tête de la flèche, c'est le poème. Une autre image qu'il m'arrive d'utiliser est celle-ci : les essais constituent une carte ; la prose narrative, des cheminements ; et les poèmes des moments plus denses le long de ce mouvement.

Voilà pour le contenu et les genres.

Reste le style.

Dans *Le Geste et la Parole*, l'anthropologue André Leroi-Gourhan écrit : « Le symbolisme graphique bénéficie, par rapport au langage phonétique, d'une certaine indépendance. Son contenu exprime dans les trois dimensions de l'espace ce que le langage phonétique exprime dans l'unique dimension du temps. » Et plus loin, il parle de deux types de perception et d'organisation du monde : « La perception du monde environnant se fait par deux voies, l'une dynamique, qui consiste à parcourir l'espace en en prenant conscience, l'autre statique, qui permet, immobile, de reconstituer autour de soi les cercles successifs qui s'amortissent jusqu'aux limites de l'inconnu. »

Ces distinctions entre le graphisme et la parole, entre l'oral et l'écrit, entre le mobile qui avance en ligne et l'immobile qui procède par cercles concentriques, sont justes et utiles.

Mais je dois dire que je ne privilégie pas une de ces pratiques sur l'autre. En fait, j'essaie de les réunir, de jouer sur tous les registres. C'est un des sens que je donne au terme « grand geste » (*mahamudra*, en sanskrit).

En littérature, en écriture, je n'ai jamais oublié ni négligé la force de l'oralité. Cela remonte à mes années estudiantines écossaises. Travaillant l'été sur les bateaux navigant entre les îles de la côte ouest, j'ai pu remonter et écouter des pêcheurs qui savaient, encore, réciter par cœur de longs passages de poèmes gaéliques traditionnels.

Je l'ai si peu oublié qu'il m'est arrivé de substituer au mot « littérature » un néologisme de mon cru : « littoralité », où j'entends à la fois « oral » et *ora* (latin pour « rivage », que l'on retrouve dans « orée »).

Cela dit, je ne suis pas partisan d'un retour total à la tradition orale, je ne me situe pas dans ce que certains sociologues appellent un peu trop vite la « civilisation de l'image. »

Dans le contexte quotidien, la parole s'use, se perd dans la confusion. Dans une tradition orale, elle est maintenue dans la mémoire, mais à condition de se mouler dans des formes mnémotechniques. Et l'image, si belle et attirante soit-elle, reste limitée.

L'écriture permet des combinaisons complexes, et par ses qualités de concision, de logique, elle fait évoluer la pensée. Elle a une fonction à la fois de mémoire et de recherche. Elle est liée à la fois à une esthétique et à une cosmologie. Que l'on pense aux hiéroglyphes d'Égypte, à leur espace solaire traversé d'oiseaux prophétiques ou à l'écriture chinoise, fondée sur la contemplation de la danse des grues, du mouvement des serpents, toutes les lignes étant l'expression du grand Tao cosmique.

L'écriture de l'univers a besoin de tous les graphismes (y compris la relativement récente cinématographie, que j'ai un peu pratiquée aussi), la poétique du monde ouvert a besoin de toutes les ressources de l'esprit et de la parole.

Travaillons dans ce sens.

L'image, l'écriture et le spectre de l'oralité

Daniel Leuwers

Je suis arrivé à Beyrouth avec, dans mes bagages, un ensemble de « livres pauvres » qui doivent être ici exposés. Ces livres d'artistes visent à un mariage entre l'écriture et l'image, qui est un des volets capitaux de notre rencontre. Ces livres « pauvres » -tous originaux et réalisés à peu d'exemplaires (entre deux et sept)- ont la particularité d'être « hors commerce » et sont destinés à être montrés au public le plus large possible. Comment le livre (qui n'est en fait qu'une feuille de papier pliée en deux, trois, quatre, sous l'égide du « pli » cher à Stéphane Mallarmé) se réalise-t-il ? Un écrivain manuscrit d'abord un texte court qu'il propose à un peintre qui l'accompagnera. Mais un peintre peut, lui aussi, commencer par confectionner une image que l'écrivain accompagnera à son tour. Le circuit fonctionne dans les deux sens -et il est impossible de dire ce qui de l'écrit ou de l'image joue le rôle majeur. Entre texte et image, il y a un désir d'osmose qui, pour les livres pauvres, ne répond pas à des critères commerciaux mais à une exigence partagée.

Le territoire du mariage entre l'écriture et la peinture est bien connu depuis les livres de Mallarmé illustrés par Manet. Mais il convient de noter que l'illustration n'a rien de servile -Mallarmé ayant un jour déclaré de façon lapidaire : « Je suis pour aucune illustration ». Offrir une image à un texte écrit est un exercice périlleux qui ne relève pas d'une transposition purement figurative.

Parmi les positionnements des artistes en regard d'un texte écrit, j'en relèverai plusieurs :
-l'image comme un élément de « traduction ».
L'exemple le plus emblématique est celui du *Corbeau* d'Edgar Poe traduit par Mallarmé et « traduit » à son tour par Manet. L'image opère ainsi une sorte de double traduction.
-l'image comme un concentré de connaissances.

Lorsque André Derain doit illustrer *L'Enchanteur pourrissant* d'Apollinaire, il veut tout savoir du poète: ses lectures, ses goûts, ses voyages, ses amours. Illustrer, pour Derain, c'est prendre en compte tous ces éléments et essayer de les intégrer au sein même de l'image. Il y a là un désir de savoir encyclopédique censé aboutir à une image idéale et« totale ».
-l'image comme un correspondant formel.
Quand Raoul Dufy doit illustrer *Le Bestiaire* du même Apollinaire, il ne cherche pas à pénétrer le sens supposé des poèmes. Il constate que tous les poèmes sont des quatrains, et il s'attache avant tout à réaliser des bois gravés de forme carrée, comme les poèmes. C'est là un désir d'osmose tout extérieure.

En fait, le problème posé ici est le suivant: une image doit-elle être fidèle? Et, au surplus, fidèle à quoi: au « signifié » du poème ou à son « signifiant »?

L'image vit assurément dans un entre-deux dont témoigne toute l'histoire de l'art contemporain -entre figuration et abstraction, entre acceptation d'un support ou bifurcation vers l' « installation ».
L'image tend alors à « éclater », à ne plus accepter de frontières convenues, à l'exemple d'André Breton qui, à propos du surréalisme, parlait de « limites, non frontières ».C'est qu'avec Guillaume Apollinaire, la poésie est elle-même sortie de ses gonds -l'écriture se trouvant soudain aimantée par des calligrammes- c'est-à-dire par des images de mots ou des mots en images.

Le peintre américain Cy Twombly a posé les termes emblématiques d'une relation problématique entre l'image et le mot (très bien analysée par Roland Barthes). Voilà, en effet, un peintre qui abandonne la toile pour la simple feuille de papier, puis le pinceau pour le seul crayon, puis le crayon pour son antagoniste, la gomme, et enfin la gomme pour la tâche. Des mots surgissent sur la feuille, tracés au crayon, mais déjà ils sont gommés, tachés. L'œuvre n'est, en fait, qu'une feuille criblée, blessée -et non le beau support d'une illustration servile.

C'est dans cet esprit que je comprends l'intervention surprenante de peintres comme Michel Nedjar et Claude Viallat en regard de poèmes que j'ai moi-même manuscrits au sein des « livres pauvres ». Lorsque ma plume écrit: « Les mots sont beaux », le pinceau de Michel Nedjar écrit (ou trace) rageusement au-dessus d'eux la phrase antagoniste: « Les mots sont moches ». Le dialogue s'instaure par l'entremise de la provocation. Quant à Claude Viallat, il s'efforce de peindre autour des mots par moi manuscrits, et il les humecte pour les rendre moins clairement lisibles et prompts à se fondre dans son océan pictural.

Toute cette osmose entre l'image et l'écrit est donc aisément analysable et analysée.

En revanche, que faire de ce troisième terme appelé « oralité »? Plusieurs réponses se profilent.
-La plus célèbre est celle qu'on emprunte communément à la formule de Paul Claudel: « L'Œil écoute ». Très approximative, cette formule sous-entend qu'une musique intérieure émane de l'œuvre peinte. Et il est vrai qu'on peut éprouver le sentiment que notre oreille participe au célèbre *Cri* de Munch ou entend les chanteuses qui peuplent l'univers pictural d'un Toulouse-Lautrec.
-Œil, s'il écoute l'image, écoute aussi les mots qui alimentent l'image. André Breton voulait que les mots fassent l'amour sur la page, qu'ils chantent, qu'ils crient. Et l'on sait parfaitement que la poésie a d'abord été chantée avant que d'être écrite. L'aède et le troubadour en ont été les porteurs. Le poète Léopold Sédar Senghor à qui je demandais un jour le sens d'un des poèmes, se mit à le danser. La poésie fait corps avec le corps. Et il est significatif que les livres pauvres ne se regardent jamais assis, en tournant les pages, mais qu'ils exigent, lors des expositions, qu'on tourne autour d'eux, en épousant le texte et l'image grâce à une sorte de pas de danse. La danse répond toujours à une musique implicite ou réelle.

Il convient de relever que les poètes qu'on range volontiers parmi les « poètes sonores » (prompts à réaliser des performances, à avaler leur micro -comme le faisait Henri Chopin- pour que le poème devienne les gargouillis de son estomac...) sont parmi les plus à l'aise au sein des livres pauvres. L'oralité d'un Julien Blaine, d'un Charles Pennequin ou d'un Serge Pey semble décupler l'espace qu'ils offrent au texte et à l'image qu'ils assument conjointement.
-Il est évident que les poètes de la modernité se sentent un lien très naturel avec la peinture. Ce fut le cas de Baudelaire et de Mallarmé. Chez Apollinaire, la fascination pour la peinture cubiste l'a incité à révolutionner la forme de ses poèmes et à le conduire vers les « calligrammes ». André Breton est, lui, l'auteur d'un emblématique ouvrage sur *La Peinture surréaliste* -peinture davantage inspirée par les poètes que dépendantes des seuls peintres.

Les poètes modernes ont pu intégrer la musique dans la recherche très personnelle de leur « rythme » (bien exploré par Henri Meschonnic dans *Critique du rythme)* et quand ils se sont soudain sentis libérés de la métrique classique.

Il y a néanmoins des poètes pour qui la musique semble avoir supplanté l'image. Je pense à Pierre Jean Jouve qui fut certes lié à Masereel, Sima et Balthus mais que son amour pour Mozart et Alban Berg a conduit à entamer ses poèmes avec la reproduction d'une portée musicale. Je pense aussi à Franck Venaille.
-On ne saurait oublier les expériences du début du XXème siècle inspirées par le rêve d'un art « total », mêlant écriture, musique, peinture et danse. Qu'on songe au célèbre *Parade* et à toute cette folle époque où Cocteau et Picasso se coalisaient avec le groupe des Six -et ses musiciens promis à la célébrité: Satie, Georges Auric, Francis Poulenc, Honegger, Darius Milhaud. Jean Cocteau, poète et peintre de grand talent, intégrait la musique dans son esthétique -alors que son ennemi André Breton se détournait de toute dimension musicale. Les mêmes clivages se retrouvent d'ailleurs à toute époque...

-L'image peut parfois devenir une préoccupation mineure en regard du texte. C'est le cas lorsqu'on constate que des éditeurs de poésie (comme P.OL) joignent au livre imprimé un CD où l'on retrouve de larges extraits lus par l'auteur. Les Festivals de poésie témoignent aussi de ce souci de mettre en valeur des « voix » (le plus grand Festival français, à Sète, s'intitule « Voix de la Méditerranée »).
-Les « installations » sont aujourd'hui le principal creuset d'une osmose entre écriture, image et musique. Elles ont l'avantage d'intégrer le cinéma et la vidéo qui sont les parfaits véhicules d'un « art total ». La musique peut d'ailleurs s'assimiler aux bruits, au bruitage, à la musique concrète -comme le montrent les expériences d'un Jean-Yves Bosseur.

L'écrivain Pascal Quignard propose une intéressante distinction entre « l'hier » (notre passé familial et historique -celui que la psychanalyse met à nu autour du supposé complexe d'Œdipe) et le « jadis » (qui serait, lui, le temps d'avant le coït parental, le temps des ancêtres et des voix immémoriales). Le philosophe Vico évoque les profondeurs d'une forêt sauvage et primitive dont nous serions issus. C'est un peu comme *Le Chant de la Terre* de Gustav Malher ou comme la voix presque cassée de Kathleen Ferrier dans un célèbre poème d'Yves Bonnefoy. L'oralité remonte des mêmes sources que les grottes préhistoriques où l'image est aussi une écriture et une danse. Et tout l'art tourne autour du mystère de nos sources et origines.

Sur ces routes entrecroisées, on perçoit une nouvelle fois la tendance profonde de l'art à sortir des frontières génériques (on produit aujourd'hui du « texte » -et non plus simplement de la poésie, du théâtre ou du roman). Les savoirs de frontières aiment justement à se situer hors des frontières. On n'accepte plus les clôtures. Il faut que *ça* ouvre, que *ça* respire. La modernité nous a propulsés vers davantage de liberté, même si la liberté peut devenir à son tour une contrainte. L'inspiration n'est plus le maître-mot de la création, dès lors que le hasard peut s'y substituer. La chute du Mur, la chute des murs, des cadres, des idéologies totalisantes ont contribué à un bricolage généralisé, bien analysé par Jean-François Lyotard dans ses derniers travaux. On remonte ainsi aisément de l'image à l'écriture sous-jacente, et de l'écriture à l'oralité retrouvée. Une incessante quête originaire a subverti les frontières et leurs savoirs -et cela, désormais, il nous faut le savoir...

Le poète et l'arpenteur.

Isabelle Lassignardie

ESSAI ou

} Tentative pour une tortuosité (même déroulée)
} Tentative pour ne pas maintenir les mots dans leur identité (Georges Bataille)
} Tentative qui sous-tend l'échec

Qu'il soit ici question des *savoirs de frontières.*

Vouloir une ex-tension.
Qu'il soit ici question de ces espaces,
ceux du savoir,
ceux des savoirs,
(parce que les entendre pluriels)

qu'il soit ici question de ces espaces,
ceux des frontières

FRONTIÈRE
} limite qui détermine l'étendue d'un territoire
} toute espèce d'obstacle, défense, barrage que l'on peut et/ou que l'on doit franchir

ces frontières,
on les dirait celles qui

obstacle, défense, barrage

dressées
entre des *quelques choses*,
et ces *quelques choses* seraient ici

image
écriture
oralité

Mais pas que.
(des listes à dresser)

Si frontières il y a,
c'est qu'il y aurait une représentation de l'espace
une représentation ordonnée de l'espace.

Vouloir affirmer par-là que la représentation ordonnée de l'espace est l'exercice du pouvoir.
Vouloir affirmer par-là que l'ordre est l'exercice du pouvoir.

Vouloir une ex-tension
s'étendre
encore,
la contre-partie

(parce que le jeu)

serait du côté du désordre,
du côté des désordres
(parce que là aussi les entendre pluriels).
L'ordre dresse des *limes*
(de ces lignes fortifiées).

Donner de l'espace
une représentation ordonnée
serait le fait même de l'arpenteur.
Un point de départ,
un accès.

Le dictionnaire dit :
l'arpenteur est *un agent dont la tâche est de mesurer et d'arpenter les*

terres, de faire des relevés de terrain au moyen de certains instruments de mesure et d'optique.

Le dictionnaire dit qu'Henri Bergson écrivait que :

« L'arpenteur mesure la distance
d'un point inaccessible en le visant tour à tour
de deux points auxquels il a accès. »

Henri Bergson,
Les Deux sources de la morale et de la religion,
1932, p. 263.

Entendre par arpenteur, celui qui mesure le territoire et en donne une représentation.
L'arpenteur dégage de ces relevés une vérité géométrique des territoires,
une vérité scientifique de l'espace,
des espaces
(parce que là aussi les entendre pluriels).
L'ordre dresse des *limes* au vivant.

Prendre pour exemple un des pères de l'arpentage géométrique,
un des pères de la cartographie dite par triangulation : Cassini.

Celui après qui le je fut banni.
Celui après qui le jeu fut banni.
Celui après qui des vérités furent bannies
(parce que là aussi les entendre plurielles).

Cassini est celui qui fut mandaté par Louis XIV pour procéder au calcul exact des distances,
au calcul exact de la surface du royaume de France.

Pour procéder au calcul exact de l'écart vers un point inaccessible,

en le visant tour à tour à partir de deux points accessibles,
Cassini perça de clous l'ensemble du territoire.

} Trouer pour ordonner (?)

En perçant l'espace,
il brisa le lien entre le récit d'un territoire et la représentation d'un territoire.

Il remisa les cartes qui faisaient le récit d'un territoire.
Il remisa les cartes habitées.
Il retira de l'acte cartographique la part singulière et subjective de celui qui dressait la carte.

Il extirpa le *vivant* des cartes en dressant les *limes*.

Avant Cassini, il en était autrement.
Avant Cassini, il y eut les *arpenteurs de Sanson*
(une histoire qui m'a été racontée, alors de bouche en bouche la redire).

1648 royaume de France premières tentatives de réconciliation de bouts de cartes éparses hétéroclites par Nicolas de Sanson, premier cartographe du roi.

Ces bribes de cartographie étaient dites *particulières*.
Sanson ne croyait pas à un relevé détaillé du territoire du royaume de France.
Alors Sanson entreprit une campagne de terrain : missionner des arpenteurs à pied à cheval avec boussole chaîne graduée pour des traversées du territoire.

Les arpenteurs de Sanson arpentèrent,
vraiment.

Faire l'expérience du territoire, puiser dans les connaissances des vivants de ces territoires tenter des relevés intimes des distances croiser informations vécues recueillies et données visuelles saisies le temps du voyage.

(la vérité était impossible) le roi remisa Sanson le roi remisa *des* vérités.

Avant Cassini la méthode était,
vraiment.
} *methodos* est du côté du chemin
} cheminer par itérations= tortuosité de l'approche= se tortuer en recherche inquiète du tracé actuel (en devenir)

Pour autre exemple,
(une histoire m'a été racontée, alors de bouche en bouche la redire).

XVIIIème siècle un autre espace ;
il en fut autrement au royaume d'Espagne.

Le roi d'Espagne mandata pour sa part Don Tomas Lopez, un cartographe.
Un autre
(expérience d'un autre ordre).

Don Tomas Lopez mobilisa cinq cent prêtres pour dresser la carte du royaume.
En quelques lignes une histoire.
Le territoire espagnol était découpé en paroisses,
Don Tomas Lopez demanda à chacun des prêtres de dresser la carte de sa paroisse,
(de ces *particulières*)

dans l'idée de les collecter
de collecter chacune des cartes
dans l'idée de les rassembler afin d'obtenir une vision,

une image globale du territoire,
en soi une représentation ordonnée de l'espace.

Impossible.
Ce fut impossible.

Parmi les images collectées par le cartographe,
une paroisse est ici enserrée dans un cercle parfait,
une autre livre une vision panoramique dressée depuis les hauteurs d'un clocher,
une autre est un calligramme dense en indications manuscrites,
indications manuscrites qui s'avèrent être les manifestations visuelles d'un désir de raconter et de dire,
volonté de dire l'espace vivant,
qui s'est cognée à la nécessité de la carte.
L'expérience menée par Don Tomas Lopez démontre une chose :
la représentation n'est qu'histoire de perception.

En dehors de la possibilité de vérité géométrique et scientifique, la carte est ainsi toujours singulière selon le sensible de celui qui la dresse.

Si l'arpenteur est celui qui dresse la carte,
l'expérience de Don Tomas Lopez révèle la part poétique
(l'expérience est poétique)

le possible poétique.

À chaque prêtre une manière d'ordonner.
À chaque individu,
à chaque arpenteur,
une manière de représenter le monde perçu,
une manière de livrer

un dire,
une image,

un savoir sur le monde.

À cet endroit serait la part poétique,
dans cet impossible synthèse ordonnée et normative (?)
La poésie serait le lieu de la parole singulière.
La poésie serait le lieu de fabrication de la parole.
Une parole se prend et se porte.

Par poésie on entendrait place ouverte (?)

Vouloir une ex-tension,
poésie = espace public (?)

Ce serait une parole *en devenir*,
en devenir autre
une parole qui *s'autre*

qui *s'autre*
dans le faire
dans l'en train de se faire

là peut-être est-ce l'enjeu de la parole (?)

Par poésie on entendrait la poésie furieuse.

Par poète furieux,
évoquer Georges Bataille,
(y trouver une évocation de la figure de l'arpenteur).
Ainsi,
pour le moment il y aurait deux personnages

il y aurait le poète,
il y aurait l'arpenteur.
Redire.

Henri Bergson nous dit de l'arpenteur qu'il est celui qui à partir de deux points accessibles mesure la distance d'un point inaccessible.

De l'accessible,
on filerait dans le champ du possible.

De l'inaccessible,
on filerait dans le champ de l'impossible.

Vouloir se faire l'écho de Bataille qui, dans *Le Coupable,* réclame ceci :
« Je veux les conditions de l'arpenteur, ce jeu qui,
selon l'expression d'A.,
introduit du possible dans l'impossible »
Georges Bataille, *Le Coupable,* Gallimard, L'imaginaire, p.86.

ce jeu qui introduit du possible dans l'impossible

En janvier 1952, dans des feuillets divers inutilisés écrits pour la préface de *L'Impossible,*
Bataille dit ceci :

Il y a un impossible,
« un trouble désordonné, qui est selon moi la part de la poésie »
p.566

« La réflexion claire a toujours eu le possible pour objet.
L'impossible, au contraire, est un désordre, une aberration. »
p.568

« Mais si la science discerne le possible elle doit le discerner exactement – elle se tait dès l'instant où la réflexion est égarée dans l'impossible. »
p.569
« La poésie est peut-être ce que l'homme a finalement de plus précieux,
mais ce plus précieux est peut-être en même temps
le plus dangereux, le plus fou, le moins utile. » p.567

Georges Bataille, *Romans et récits*, Bibliothèque de la Pléiade, 2004

Les cartes collectées par Don Tomas Lopez furent inutiles.
Leur agencement en un ensemble ordonné fut clairement impossible.

Vouloir une ex-tension.

Dire que ces images dressées,
ce qu'elles racontent de ceux qui ont pris la parole pour dire
pour dessiner leur perception respective du réel,

dire que ces images sont des récits des plus précieux.

La poésie commet une effraction dans l'ordre établi du monde,
elle modifie les contours,
elle modifie les frontières

(peut doit sait les franchir, même)

à l'instar de ces cartes impossibles,
elle modifie les règles de l'ordre tel que l'exercice du pouvoir l'envisage pour en inverser les valeurs d'usage.

Trouver en la poésie une manière de prendre position contre l'usage calculé des mots.
} Une issue à l'ordre imposé (?)
Arpenter les pourtours des mots, se laisser aller aux entres,

(vouloir une ex-tension)
et laisser brèches ouvertes à la réception (?)

Par l'usage désordonné des mots,

par l'affirmation d'une subjectivité radicale,

c'est aussi prendre position face aux représentations du monde,
c'est ainsi interroger les modèles dominants,

en se faisant extériorisation du non-savoir.

C'est ainsi échapper à l'analyse.
C'est ainsi résister
C'est ainsi rester

ce qui reste est ce qui résiste.

Le poète est dans ce faire. Ces restes.
Le poète laisse un possible à l'autre de faire,
de se faire.

C'est qu'il s'agit d'un en train de faire non figé.
Vouloir y entendre un *en devenir.*

Redire :

un *en devenir autre.*

Et pour glisser vers cet endroit de l'*en devenir*,
vouloir s'en remettre clairement à ce que Gilles Deleuze éclaire de Michel Foucault,

du côté des dispositifs,
de l'actuel,
de l'archive et de l'histoire,
de l'oralité et de la mémoire.

C'est le texte d'une conférence (d'un dire) donnée en 1988.
« Nous appartenons à des dispositifs, et agissons en eux.
La nouveauté d'un dispositif par rapport aux précédents,
nous l'appelons son actualité, notre actualité.
Le nouveau, c'est l'actuel.

L'actuel n'est pas ce que nous sommes,
mais plutôt ce que nous devenons,
ce que nous sommes en train de devenir,
c'est-à-dire l'Autre, notre devenir-autre.

Dans tout dispositif, il faut distinguer ce que nous sommes
(ce que nous ne sommes déjà plus),
et ce que nous sommes en train de devenir:
la part de l'histoire, et la part de l'actuel.

L'histoire, c'est l'archive, le dessin de ce que nous sommes et cessons d'être, tandis que l'actuel est l'ébauche de ce que nous devenons.

Si bien que l'histoire ou l'archive, c'est ce qui nous sépare encore de nous-mêmes, tandis que l'actuel est cet Autre avec lequel nous coïncidons déjà. »

[...]
Car ce qui apparaît comme l'actuel ou le nouveau selon Foucault,
c'est ce que Nietzsche appelait l'intempestif, l'inactuel,
ce devenir qui bifurque avec l'histoire,
ce diagnostic qui prend le relais de l'analyse avec d'autres chemins. »

Gilles Deleuze, « Qu'est-ce qu'un dispositif ? »,
in *Michel Foucault philosophe. Rencontre internationale Paris, 9, 10, 11 janvier 1988,* Seuil, 1989 (pp.185-195)
Citations pp.190-191

Entendre *diagnostic* comme ce qui prendrait le chemin du dire, de l'oralité.
Entendre histoire selon le régime de la preuve avec l'archive pour socle,
écriture figée.
Ce qui distingue,

mais n'oppose pas,

l'historien de l'anthropologue, ce dernier rassemblant le matériau mémoire,
mémoire
se transmettant pour l'essentiel par la parole orale,
comme une historiographie qui prendrait pour socle

le témoignage singulier,
le moment vécu avec ce que le sensible dit,

avec ce que la subjectivité radicale énonce dans l'entretien,
dans son oralité,
dans son récit.

Ce dire
cet *en devenir autre*

} Ce champ des possibles (?)

Gilles Deleuze poursuit dans ce même dire,
(glissement vers)

*« Non pas prédire, mais être attentif à l'inconnu
qui frappe à la porte. »*

Dire dans le pourtour :

} Se tenir là dans un état d'appréhension (?)
} s'en remettre à l'expérience (?)
} l'expérience faut la vivre (en filigrane chez Bataille)

Vouloir une ex-tension.

L'expérience serait du côté du vivant, du non-savoir,

du poétique alors (?)

Se tenir là à penser que la poésie est cette extériorisation du non-savoir.

Alors,
il y aurait trois personnages (?)
il y aurait le poète
il y aurait l'arpenteur

il y aurait le *stalker* (?)
Stalker
Entendre celui d'Andreï Tarkovski (1979)
Cette figure qui traverse la zone.
Le ne pas savoir ce qu'est la zone.
Le ne pas savoir ce qui s'y passe en l'absence du vivant récepteur.
(d'évidence) que la zone est ce que celui qui la traverse en fait,
            que la zone est comme nous l'avons créée nous-mêmes.

Redire. (quand il s'agit du *en devenir autre*)
C'est quand mettre la main sur des bouts, sans modèle
expérience comme traversée des périls
du devenir en expérience.

S'accorder en un point :
petit un : on ne connaît des territoires que ce qu'on en traverse
petit un (bis) : la zone dit des (aux) êtres ce qu'ils en saisissent les sens vraqués
petit un (bis) : la zone dit d'elle aux êtres ce qu'ils en saisissent les sens vraqués
} le dire du désordre

Rappel : le désordre affecte la position notamment (normalement?) attendue des choses.
Se laisser aller,

vraiment

à ce jeu (je) – celui qui introduit du possible dans

l'impossible.

Cet inconnu qui frapperait à la porte. Et là trouver ses propres mots.

(autrement dit)
l'impossible arrive.

Note de mémoire (quelque part) :
Georges Bataille *« les mots manquent et je manque enfin »*.

Portraits de Familles :
La quête de (chez) soi dans le documentaire libanais

Carine Doumit

Le cinéma libanais n'invente pas le film intimiste, le portrait de famille. Il revisite un genre permanent, revenant. Les cinéastes libanais portent un regard vers l'intérieur, vers les entrailles. Le phénomène est récent. Sans doute le dispositif particulièrement léger offert par le numérique leur permet-il un mouvement plus fluide vers cet intérieur : vers le recoin poussiéreux, vers la ride imperceptible, vers le mouvement furtif.

Il s'agit dans ce qui suit d'explorer cette tendance qui se manifeste à travers un corpus que l'on qualifie communément de *cinéma documentaire*. Or, les territoires cinématographiques sont avant tout ceux de l'aventure, un espace où les frontières sont floues. Et à l'intérieur de cet univers d' (in) définitions, une observation : depuis quelques années déjà, dans les marges de la scène cinématographique libanaise, des papas et des mamans jouent aux acteurs devant l'objectif de leurs enfants… Ces enfants sont des cinéastes à la recherche d'un langage.

Durant les longues années d'hostilités[2], d'autres réalisateurs (Bagdadi, Alaouié, Saab, Masri, Chamoun, etc.) tracent le chemin vers un cinéma *de cause*, un cinéma *militant*. Puis le *temps de guerre* se mue en *temps d'exil*[3]. La fin des conflits armés laisse la place à une paix douteuse. Pourtant, l'*amnésie commandée* ne parvient pas à empêcher les glissements. Des fantômes apparaissent entre les décombres. La fragmentation atteint les espaces cinématographiques. Salhab, Soueid, Zaatari et les autres, prennent audacieusement le large. Ils explorent

---

[2] La guerre civile libanaise débute officiellement en 1975 et prend fin en 1990, avec les accords de Taëf.

[3] Référence aux documentaires « Lettre d'un temps de guerre », Borhane Alaouié, 1985 et « Lettre d'un temps d'exil », Borhane Alaouié, 1990.

un terrain vague encore gorgé de *mines* : l'espace-temps de l'après-guerre.

Aujourd'hui, ces cinquantenaires observent une nouvelle génération tracer son chemin, dans les interstices. Marianne Hirsch parle de *post-mémoire* pour qualifier l'expérience d'artistes qui ont grandi entourés des récits de survivants de la Deuxième Guerre mondiale. Nous emprunterons ce terme pour explorer les œuvres de cinéastes libanais nés à partir du milieu des années 70. Survivants. Fils et filles de survivants. Ils ont guetté leurs parents faire la guerre, activement ou passivement, ici ou ailleurs. Aujourd'hui, à force de silence, ils ont tout oublié. Ou presque… Devant l'incontrôlable essor du communautarisme sociore-ligieux, les jeunes artistes libanais se retrouvent pris au piège dans leur propre pays. Entre deux cascades de violence, ils allument la caméra et la tournent vers l'intérieur, cherchant un refuge quelconque. Ils se retrouvent alors face à face avec les visages fanés de leurs parents. Et ils continuent de filmer, bouleversés par ce resurgissement soudain de *la mémoire*.

Devant mon poste de montage, je suis témoin de ces apparitions fantomatiques. En effet, depuis 2009, je collabore à l'écriture de plusieurs récits portés par des pères et des mères[4]. Mes premiers rapports avec ces visages et ces corps captifs sont pudiques. Puis, immanquablement, je retrouve dans ces pères des traces du mien... Toutefois, « le monteur est un poste de la pensée du cinéma (...) il est le poste de la séparation, de l'hétérogène et du désajustement »[5]. Ainsi, je m'écarte rapidement de la place de l'auteur et j'entame un long et complexe exercice sur la mise en relief des turbulences, des interrogations et des incertitudes captées dans les regards et les voix. Les familles libanaises sont rondes, me dis-je. Les bras et les regards entourent, cuirassent, et quand il le faut, gomment et polissent. Et soudain, un soubresaut. Un reproche

---

[4] *Tout sur mon père*, de Zeina Sfeir, 2009; *160 feet under pure blue sea*, Lynn Kodeih, 2010; *Gate #5*, Simon El Habre, 2011; *Borombo*, Bassem Fayad, 2013.

[5] MONDZAIN, Marie-José, « Temps et Montage », publié le 13 juin 2011 sur le site : cinemadocumentaire.wordpress.com

qui se change en colère. Un fragment du passé retentit. « La famille, écrit Hirsch, est structurée par le désir et la désillusion, l'amour et la perte »[6]. En (dés) accordant les images, je m'efforce de rendre compte de ces *hiatus*.

(Auto) Portrait Numéro I

Lynn Kodeih, artiste qui travaille la vidéo et l'installation, est une jeune femme marquée par une image d'enfance. Celle d'un père qui l'oblige à se réfugier sous le siège arrière de la voiture pour éviter les balles, alors que lui-même continue de conduire, la tête exposée. Elle est fascinée par la capacité à entretenir ces images en soi, à les garder à l'intérieur, si profondément que cela marque le visage, sensiblement. Elle me dit : « J'ai le sentiment d'avoir perdu les images qui devraient être gravées dans mes souvenirs d'enfance, des images d'un espace-temps chaotique. Celui de la guerre. J'ai besoin de revoir ses images avec mon regard d'enfant et ma conscience adulte. Je voudrais retrouver ces images et retracer leur parcours. » Je lui demande : « Pourquoi le fais-tu à travers ton père ? » La réponse fuse : « Parce qu'il a toujours refusé de répondre à mes questions. Aujourd'hui, je veux le forcer à le faire. Je ne suis plus une enfant. »

Le visage du père n'est pas devant nous, mais nous sommes en sa présence. Filmé en gros plan, il est habité, traversé par la guerre. Puis il disparaît graduellement, se fond dans l'écran à la texture rugueuse, contre un mur en ruine... Il n'est plus, ou n'a jamais vraiment été, le visage d'un père, mais celui, impossible à filmer, d'un *revenant*. Graduellement aussi, les récits qu'il véhicule ne sont plus les siens, mais ils demeurent siens, nous parvenant par le biais de sa voix devenue familière. Comme celle d'un *hakawati* de la guerre. Si bien qu'il devient difficile de distinguer entre la mémoire qui se rappelle et l'imagination qui fantasme. Les fragments de la mémoire résistent contre leur propre empêchement et prennent une forme chaotique, éparse et fuyante. La

---

6 HIRSCH, Marianne, *Family Frames : Photography, Narrative and Postmemory*, Harvard University Press, Londres, 1997.

présence de l'artiste sur scène, tournant le dos au visage magnifié de son père sur l'écran, raconte l'impossibilité de saisir le passé, perdu dans le fouillis de la mémoire.

(Auto) Portrait Numéro II

Depuis plusieurs années, Zeina Sfeir filme son père dans le huis clos de leur maison. Elle a grandi en écoutant et réécoutant les mêmes histoires. Coiffeur de renom, Elie rase et coiffe hommes politiques et artistes. Au fil des années, elle archive ses histoires, avec une petite caméra qu'elle installe face aux rituels de son père vieillissant. Dans l'arrière-fond sonore, sa mère s'active : le son d'une casserole ou d'un aspirateur couvre les flux de paroles dont la cadence singulière commandera celle du film.

Un jour, Zeina me montre ses images, un peu comme on dévoile un secret longuement caché. Au fil des plans, les histoires se suivent, se répètent, se confondent. Elie raconte trois époques distinctes : avant, pendant et après la guerre. L'âge d'or, la catastrophe et le déclin. Par sept fois, son salon de coiffure a été détruit par la guerre. Par sept fois, il s'est relevé. Zeina s'acharne. Elle voudrait forcer Elie à se souvenir, élan désespéré d'une fille pour s'agripper à la mémoire de son père, et à travers lui, à la mémoire de son pays. Quelquefois, l'insistance fébrile frôle la cruauté. Elie supplie Zeina de le laisser tranquille, mais elle n'en fait rien.

Dans la salle de montage, Elie s'effrite puis rajeunit au fil des rencontres. Il semble défier le temps qui passe. Derrière mon écran, je contemple la générosité de l'aveu et constate le besoin inassouvi de dévoiler une vie que la présence de la caméra reconnaît comme telle. Alors qu'Elie s'efforce d'être à la hauteur des attentes de sa fille, celle-ci le filme aussi bien frontalement qu'à travers portes et fenêtres, scrutant les signes de la fin… Et les rôles soudain s'inversent. Comme pour Barthes[7] qui reconnaît l'essence de sa mère dans la petite fille debout

[7] BARTHES Roland, *Chambre Claire: note sur la photographie*, Paris, Seuil, 1980.

dans une photo que l'on ne verra pas, mais qu'il décrit comme étant celle où il retrouve son dernier souvenir d'elle, fragile et malade, redevenue enfant sous son regard protecteur. Dans « Tout sur mon père », un homme aux cheveux blancs et au pyjama rayé se cache sous la couette pour pleurer, sous la caméra de sa fille. Seul le pouvoir de juxtaposer images et sons permet de résister au temps. Il est soudain possible, par une simple opération, d'opérer un retour en arrière : Elie est debout, majestueux et appliqué, dans son luxueux salon de coiffure au centre de la capitale. Les images racontent la vieillesse et la mort. Mais leur (des) ajustement dit la beauté d'avoir vécu. Il nous parle de résilience, malgré tout.

À partir de là, mon récit reprend la troisième personne. Il y en aura d'autres[8], mais pour le moment, je redeviens spectatrice, le temps de constater que ces deux pères ne sont pas les seuls à autoriser à la caméra de venir se planter là, exigeante et capricieuse, entre leurs corps et celui de leur enfant, confrontant leurs deux regards. D'autres le suivent ou le précèdent. Il y a des mères aussi. Mais avant tout, ce sont des témoins de la guerre. Ils ont des comptes à rendre, ils ont une mémoire à partager. Et ils ne sortiront pas indemnes de ces confrontations quelquefois brutales.

(Auto) Portrait Numéro III

Il est des films impatients, fébriles. À l'image de leurs auteurs.

Je repère des provocations, frontales, farouches. De jeunes trentenaires butant contre un mur invisible, celui de l'obstination de la mémoire à faire silence. Ils sont déterminés à briser le cocon pour se faire une place, *marquer un territoire*, aussi étroit soit-il. Dès lors, la caméra donne le courage de cette confrontation. Elle se place entre celui qui voudrait ne pas tout dire et celui qui insiste de tout savoir, comme un bouclier et une arme à la fois. Frénétique, la caméra d'Éliane Raheb dans « C'est ça le Liban » est une épée à double tranchant. Elle laisse

[8] « Gate #5 », de Simon El Habre, « Borombo » de Bassem Fayad.

éclater sa colère contre une société qu'elle juge confessionnelle, isolationniste, mais donne à celui qu'elle agresse le droit de réponse. *Tu es le mouton noir de la famille*, finit par avouer le père. *Je m'efforce de te traiter comme tes sœurs, mais au fond, tu es différente.* Tournant le dos à la caméra, le regard rivé vers le sol, il poursuit : *Mais tu restes ma fille. Un jour, tu retrouveras le droit chemin…*

Je lis : « Les familles sont façonnées par la réponse individuelle aux pressions idéologiques déployées par le *regard familial (the family gaze).* Regard puissant de familiarité qui impose et perpétue certaines images conventionnelles de la famille et qui «cadre» la famille dans les deux sens du terme ».[9] Je constate : installer son père devant une caméra, lui accrocher un micro, éclairer son visage, nous permet de contrôler son regard, de lui imposer une direction. Cependant, quand on choisit de le suivre, on arrive parfois à l'encercler, à le cerner dans un recoin familier, comme une église ressurgie de l'enfance où un salon rempli d'amis. Mais le geste est loin d'être protecteur. Il ne s'agit plus de revisiter un passé dont on voudrait appréhender les codes, mais de se rebeller contre ceux du présent. Qui ne laissent aucun espoir pour le changement. Qui vouent l'individu à errer entre les interstices, écrasé par des agglomérations de tribus confessionnelles qui ne laissent plus aucune place à son humanisme. Au point qu'il en oublie que la personne vers laquelle il pointe sa caméra/épée est son propre père. Ou sa propre mère.

Or cette dynamique de la confrontation est une quête en soi. Le cinéaste libanais est à la recherche d'un *territoire familier*. Ainsi, il tente de formuler les prémisses d'un *monde* où il pourrait continuer à vivre. Le cinéma, comme le disait Rilke à propos de la poésie, *accorde notre monde intérieur au monde extérieur*. Il permet de reconquérir, par le biais de l'imaginaire, le territoire arraché par l'autre. Mais que faire de cet autre quand il fait partie *des nôtres* ? Comment fournir à l'altérité

---

[9] HIRSCH, Marianne, *Family Frames : Photography, Narrative and Postmemory*, Harvard University Press, Londres, 1997.

un *regard productif*[10]qui mènerait vers un questionnement autour de la reconnaissance du *soi*, de l'identification du *soi* ? Comment recréer une identité et de ce fait, comment rebâtir un *chez-soi* ?

(Auto) Portrait Numéro IV

Rami Nihawi filme sa mère pour raconter l'absence de son père. Dans la cuisine, des fourmis se disputent des restes de *mankouché*[11], des assiettes sont empilées dans l'évier. Au salon, des corps d'hommes à moitié nus, ingénieur du son et assistant de production, sont étalés à même le sol. L'on devine une chaleur suffocante, humide, beyrouthine. Le ventilateur posé sur le sofa fait paresseusement glisser une lampe chinoise sur le carrelage. Dans une chambre au fond d'un couloir, une femme est assoupie. C'est la mère, Nawal, « Yamo »[12].

Ma mémoire trouée m'a regardé grandir loin de moi-même, dit la voix grave de l'auteur, qui propose les jalons d'un récit sur la perte. Celle la mémoire, bien sûr, que l'on tente de reconstruire en s'appuyant sur celle de la mère. Celle de l'identité aussi, perdue dans les ruines de *la Palestine*, territoire aussi bien géographique que fantasmé. Celle du père, enfin, dont l'absence ravive le souvenir d'une présence troublante, associée à un *temps de guerre*. De ce père, il ne reste que les anciennes photographies de famille. Rami s'approche de cet homme qui entoure des bras sa jeune épouse. Le fils est à l'image du père. Grand, brun, ténébreux. Aussi opaque que transparent. Devant l'écran qui me renvoie le dur regard du père, je constate la déraison de faire des enfants en temps de guerre… et ces enfants/adultes en quête de post-mémoire m'apparaissent soudain comme les symptômes de leurs parents, comme la forme même de cette folie.

---

[10] SILVERMAN, Kaja, *The Threshold of the Visible World*, Routledge, Londres et New York, 1996.

[11] Pizza au thym ou au fromage, spécialité libanaise.

[12] Dans le dialecte Syrien, *Yamo* est une manière familière de dire *Maman.*

Le fils est confus. Il se demande comment vivre en discordance, comment apprivoiser l'exil engendré par les désillusions face au règne incontestable des *seigneurs de la guerre*. La mère est résignée. Le fils s'inquiète pour l'avenir. La mère ne vit que le moment présent : le matin, sa Mercedes délabrée lui sert d'autocar. La journée, elle est institutrice dans une école publique. L'après-midi, elle aide les écoliers, enfants des autres, à faire leurs devoirs. Le soir, elle vend de l'alcool et des cigarettes dans une petite échoppe de quartier. Le temps n'est ni à l'avenir ni au passé. Ses dents sont effritées d'avoir trop fumé. Mais pour répondre aux questions fébriles de son fils, elle met ses boucles d'oreilles et sourit doucement ...

Je me dis que, sans doute après un certain moment, alors que l'on filme le personnage complexe qui est sa mère, on finit par y voir sa propre mère. Et l'on se dit que sans doute la dernière fois que l'on va la filmer, et sans doute la dernière fois où elle osera rire de sa propre existence, et de sa propre mort. Nos parents, me dis-je, au fil des images, jouent aux acteurs de leur propre vie. Or, note Bresson, « l'acteur est dans le cinématographe comme dans un pays étranger. Il n'en connaît pas la langue ». Dès lors, l'exil est inévitable.

(Auto) Portrait Numéro V

Ghassan Salhab ne raconte que des histoires d'aliénation, de solitude. Ce faisant, il apprivoise l'exil, en devient le complice. Un jour, il s'éloigne un peu de l'univers de la fiction pour rejoindre celui de l'essai. Il reprend les questionnements identitaires des jeunes trentenaires, mais propose un franc retour en arrière. Dans « 1958 », il emmène sa mère loin de chez elle et l'installe devant un mur en ruine pour mieux raconter son déplacement. Celui d'une jeune femme émigrée dans un pays, le Sénégal, où elle reste étrangère même à sa propre communauté, sunnite au milieu de familles chiites implantées là-bas avant elle. Et à travers sa mère, sans qu'elle ne dise un seul mot sur son fils, celui-ci raconte la source de son propre exil. Images d'archives et images de ruines se mêlent au récit central du déplacement de la mère, dans une société où elle voit mourir lentement le rêve d'une unité Arabe.

L'archive nous ramène indiscutablement vers un temps passé, en 1958, année du débarquement des troupes américaines à Beyrouth, à la rescousse d'une faction (chrétienne) qui refuse la fusion avec la République Arabe Unie formée à l'époque entre la Syrie et l'Égypte. C'est un temps de guerre, mais pas encore celui de la guerre civile qui éclatera en 1975. Né en 1958, Salhab fait éclater le mythe du Liban - terre où toutes les communautés vivent en harmonie jusqu'à l'arrivée des factions palestiniennes - et propose un retour franc dans l'histoire du pays. Les archives sont là, loquaces, accompagnées de la voix du cinéaste récitant des vers dont le rythme fragmenté renvoient à la violence des images. Et le tout se présente comme un mélancolique ballet entre le passé et le présent, l'intime et le collectif, les représentations du *home* et celles et de l'exil.

Et peu à peu, en filmant ce visage qui ne parvient jamais à vraiment calmer le trouble que suscite en lui la présence solennelle de la caméra, le cinéaste retrouve sa propre mère et par elle sa propre mort, si lointaine et si proche à la fois. Et quand il lui demande de chanter *Asmahan*[13], la voix chevrotante de Madame Salhab nous emporte vers l'image d'une autre mère, sur un balcon à Nazareth, dans un lieu qu'on voudrait malgré tout appeler *la Palestine*. Elia Suleiman est debout, serrant une radio d'où nous parvient la même chanson, comme un fantôme ressurgit d'un passé à jamais perdu. Assise face au paysage urbain de Nazareth, la mère du cinéaste (que l'on reconnaît pour l'avoir déjà vue dans les films précédents), regarde tendrement une image du père décédé. Suleiman a toujours filmé ses parents. Ils sont *la Palestine*. Tantôts beaux, infaillibles et presque immortels dans « Le temps qu'il reste ». Tantôts courbés, assoupis et vaincus, dans « Chronique d'une Disparition », qu'il achève par une dédicace : *A mon père et ma mère, mon ultime patrie*.

[13] Chanteuse et actrice d'origine syrienne.

Le portrait de famille, l'autoportrait, réclame quelque intimité. C'est un geste de reconnaissance mutuelle, certes, mais c'est également une démarche qui fragilise, dévoilant une poursuite acharnée d'humanisme. Telle Agnès Varda - *qui filme de sa main gauche sa main droite qui essaie d'attraper une pomme de terre en forme de cœur* - qui rapproche l'acte cinématographique du geste modeste du glanage. Ramasser/filmer *les restes*. Fouiller/parcourir *les interstices*. Or explorer la marginalité est avant tout un acte de farouche résistance. Contre les politiques de la complaisance et de l'oubli. Contre les cinémas de l'exotisme et de la démagogie. Pour un regard de l'intérieur vers l'intérieur. Littéralement.

« L'étranger pesait sur nous de tout le poids du dépaysement », écrivait Rilke. Et le Liban ne cesse de faire de nous des *hommes de solitude*, des *exilés*. Sauf quand nous habitons les espaces cinématographiques. Alors nous redevenons nomades. Et tentons malgré tout de construire ce que l'on appellera peut-être enfin un jour : le *Cinéma Libanais*.

L'Oreille Voit et L'Œil Entend

Jean-Louis Bompoint

« Favoriser les liens, trouver des correspondances et des traductions » : Voilà une préoccupation qui s'est emparée de mon esprit, dès que j'ai rencontré, lors de mon adolescence, des personnes d'origine étrangère, avec qui je ne pouvais communiquer, faute de maîtriser leur langage.

Le tout avec ce sentiment de culpabilité, insufflé de par mon éducation catholique, où, lors des cours de catéchisme, subis avec plus ou moins de bonheur, nos bons Pères nous martelaient la tête avec le récit biblique de « La tour de Babel » :

Ainsi, et pour mémoire :

Peu après le Déluge, alors qu'ils parlent tous la même langue, les hommes atteignent une plaine dans le pays de Shinar et s'y installent tous. Là, ils entreprennent par eux-mêmes, de bâtir une ville et une tour, dont le sommet touche le ciel, pour se faire un nom. Dieu les voit, et estime que s'ils y arrivent, rien ne leur sera inaccessible. Alors il brouille leur langue afin qu'ils ne se comprennent plus, et les disperse sur toute la surface de la terre. La construction cesse. La ville est alors nommée Babel (terme proche du mot hébreu traduit par « brouiller »).

Par la suite, découvrant le cinéma, je me suis rendu compte, très jeune, que les versions doublées en français des films étrangers, faisaient perdre plus de 70% des intentions que les auteurs et comédiens désiraient délivrer au public le plus large qui soit.

Pratiquant la musique de Jazz, depuis 1972, j'ai eu la chance de rencontrer les meilleurs musiciens américains de cette spécialité : Lionel Hampton, Arnett Cobb, Cat Anderson, Ray Bryant, Slam Stewart, Jimmy Woode, Jimmy Cleveland, comme bien d'autres…

Et lorsque que ces artistes m'invitaient parfois, à jouer avec eux, le vétéran saxophoniste ténor français : Guy Laffite, se plaisait à me dire : « Vois-tu : parce que l'on ne parle pas leur langue, et qu'ils ne comprennent pas la nôtre, il nous est difficile de communiquer avec ces formidables gens, qui auraient vraisemblablement des choses passionnantes à nous transmettre, par rapport à leur Art… Mais, lorsque l'on joue leur musique en leur compagnie : tout le monde parle le même langage, et arrive à se comprendre ! ».

Ce type de contradictions culturelles, tant par ailleurs, l'Éducation Nationale nous invitait à apprivoiser deux langues étrangères, dans le cadre de notre scolarité, m'a mené à évaluer que l'un des seuls moyens, tendant à proposer un partage d'émotions dans un cadre international, restait la Cinématographie sonore et non parlante, tant ce vecteur d'expression réunit à lui seul, les domaines de la pantomime, du dessin et de la musique.

Quand on sait également que l'enregistrement, comme la reproduction du son au cinéma, sont basés sur la retranscription visuelle d'ondes sonores sur une pellicule, réunissant sur un même support, l'image et le son, on s'aperçoit qu'il reste possible de créer des sons purs, sur toute la gamme chromatique, en les dessinant sur la piste sonore d'un film 16mm ou 35mm transparent, tout comme obtenir des sons de percussion, en grattant l'espace de la piste sonore, d'un film 16mm ou 35mm opaque.

C'est donc en regard de toutes ces bases, que j'ai souhaité réaliser le court-métrage d'animation : « NEMASCO », que j'ai le plaisir de vous présenter aujourd'hui.

Dans le cas présent, ce court-métrage est une chorégraphie abstraite et colorée basée sur les harmonies d'une chanson de comédie cinématographique : « I'll remember April », composée par Gene De Paul, pour le film des duettistes comiques Abott & Costello : « Ride'em Cowboy » (1942), et interprété à l'occasion par Dick Foran.

Le succès de cette composition fut tel, que nombre de jazzmen du moment, l'ajoutèrent à leur répertoire de routine, pour en faire finalement un « standard », connu de tous.

Parmi ces musiciens, George Russel décida d'en faire une adaptation peu commune, en 1956, basée sur les théories de l'harmonisation, conçues par Igor Stravinsky, au début du XXème siècle.

De l'universalité de la pantomime

Partant toujours d'exemples vécus, vous citerais-je cette anecdote, où me retrouvant à Shanghai, afin de diriger un studio de dessins animés pour une production française, il m'arrivait, lorsque mon interprète s'absentait, de provoquer de véritables numéros de mime auprès des dessinateurs, dans le but de leur expliquer, comment ils devaient animer telle ou telle scène du film que nous réalisions en commun ; cette gestuelle permettant à l'un comme aux autres, de se comprendre sur la même longueur d'ondes, qui dans ce cas précis, restait d'ordre visuel.

Plus amusant encore : lorsque dans la même ville, je me rendais, le soir, dans le but de me distraire, dans quelque club de jazz, avec l'espoir de me joindre à l'orchestre, pour participer à une *jam session*, je passais plus de temps à tenter d'expliquer verbalement, ce que je désirais, qu'au moment où je mimais aux musiciens, mon souhait de prendre mon instrument et de les rejoindre sur scène... Et je ne parlerai même pas de l'immédiate entente musicale, entre cet orchestre sino-français improvisé, lorsque l'on aura compris que c'est la première fois que ces gens se réunissaient pour produire une même œuvre, de « concert ».

Pour en revenir à ce qui nous réunit ce jour :
Charlie Chaplin, René Clair et S.M. Eisenstein ont vite compris que le Cinéma allait perdre son caractère universel, lorsqu'il allait parler, en 1929 ; bien que ces artistes ne fussent pas contre l'idée d'un « cinéma sonore », sans langue parlée, visant à atteindre le plus grand nombre

de spectateurs, tout autour de la planète.

Le cinéma sonore et sa tentative d'application universelle

Bien que vendu tout d'abord sous l'égide du slogan : « Et maintenant : il parle ! », c'est à cause de cette « voix » que le cinéma s'est désolidarisé de son caractère universel, en matière de communication directe.

Cela, quelques artistes : Len Lye (Nouvelle Zélande), Oskar Fischinger (Allemagne) et Norman Mc Laren (Écosse / USA / Canada), l'ont bien compris, et ont tout de suite (mais sans pour autant connaître l'existence des uns et des autres, aux prémices de ces intentions, dès *1935)* orienté leurs recherches vers un nouveau CINÉMA SONORE UNIVERSEL, qui puisse être partagé de tous.

Ainsi, au niveau de l'image, c'est l'ABSTRACTION qui obtiendra gain de cause, tant elle permet à chacun (que ce soit du point de vue du créateur, comme celui du spectateur), de donner une libre interprétation de l'œuvre présentée.

Au niveau sonore, la PAROLE, culturellement cloisonnée, sera volontairement effacée au profit de la MUSIQUE, universellement compréhensible.

Dès lors, le concept popularisé par Paul Claudel, qui vivait sa vie de média: « L'OREILLE VOIT ET L'ŒIL ENTEND », tant il était convenu qu'il devenait nécessaire d'établir un contrepoint mutuel entre les sons et les images, dans le but de proposer une œuvre sonore et en mouvement, perceptible par un public universel de tous âges confondus.

Pour suivre, Norman Mac Laren et Len Lye sont allés encore plus loin dans leur démarche, en élaguant la caméra, pour choisir de dessiner directement sur la pellicule 35mm ; tout d'abord des images, puis des sons, dans la suite de leurs carrières respectives.

Grâce également au principe défini par S.M. Eisenstein : « le film est rythme », j'ai pu comprendre que le cinéma n'était en fait, nullement une question de scénario plus ou moins bien écrit mais bien plutôt une continuité rythmée qui devait sans cesse éveiller l'attention du spectateur.

En fait, je m'étais rendu compte que l'on racontait dans n'importe quel film, plus ou moins la même histoire; que ce soit un dessin animé, un western ou film de cape & d'épée. Seule, la qualité du film relevait de son rythme : De par le jeu des comédiens, leur diction, la composition des mouvements de caméra, la dynamique de la lumière, la nature de la bande son et bien sûr, la qualité du montage.

Pendant de longues années, j'ai été monteur, et dois avouer que si je n'avais pas été musicien, je n'aurais jamais pu résoudre tous les problèmes « image et son », qui se sont présentés sur ma table de montage. Notamment, lorsque j'ai restauré pour Gaumont en 1990, *L'Atalante* (Jean Vigo, 1934). La narration comptait peu. Vigo l'avait aussi compris. Seul le Rythme doit être Roi. Avec ce principe, l'on reste certain de pouvoir résoudre nombre de choses. Et le plus mauvais film qui soit, s'il est bien monté, peut devenir quelque chose de passionnant !

« NEMASCO »

Mon projet « NEMASCO », répond à sa façon au paradigme : L'ŒIL ENTEND, L'OREILLE VOIT, comme une expérience à concevoir dans la relation « Art et Science ».

Ayant absorbé et assimilé depuis mon adolescence, les techniques créées par Mac Laren, j'ai eu le souhait de les utiliser à nouveau, dans le cadre d'un film abstrait et musical, directement peint et dessiné sur pellicule cinématographique, de format 35mm, en y ajoutant des séquences concrètes filmées avec des personnages humains, image par image.

Cependant, désireux d'éviter les effets de « déjà vu », comme de paraphrase, j'ai adjoint à ce projet, l'utilisation des techniques graphiques informatiques, pour le finaliser dans un style graphique et pictural nouveau.

Il s'agira donc de réaliser un court-métrage animé, représentant visuellement, une pièce musicale de George Russel : *Concerto for Billy The Kid*[14]. Le compositeur George Russell est l'un des premiers défricheurs du jazz modal, avec son ouvrage *The Lydian Chromatic Concept Of Tonal Organization For Improvisation*, publié en 1959.

Une remarque de Miles Davis en 1945 entraîne Russell dans la quête qui deviendra le but de sa vie. Alors que Russell demande à Miles Davis quel est son but musical, celui-ci lui répond qu'il aimerait « apprendre tous les accords ». Sachant que Davis savait déjà disséquer tous les accords, Russell en déduit que le trompettiste entendait par là qu'il souhaitait trouver une façon nouvelle et plus large de jouer en relation avec les accords.

« La musique modale, c'est sept notes à partir de chaque gamme, chaque note. Une gamme par note, une mineure. Le compositeur-arrangeur George Russel avait coutume de dire qu'en musique modale le do se trouve où le fa devrait être. Que tout le piano commence à fa. Ce que j'avais appris, c'était que quand on jouait en modal on pouvait continuer à l'infini. Inutile de se soucier des grilles ou des trucs comme ça. On peut tirer davantage de la ligne musicale. Quand on travaille de façon modale, le défi, c'est de voir quelle inventivité on peut avoir alors sur le plan mélodique. Ce n'est pas comme quand on s'appuie sur des accords, quand on sait, au bout de trente-deux mesures, que les accords sont terminés, qu'il n'y a rien d'autre à faire qu'à

---

[14] George Russell Smalltet NY – Dec 21, 1956 RCA VICTOR – 07863-66088-2 / Victor G2JB-7838/LPM-1372. George Russell est un compositeur, pianiste, chef d'orchestre et théoricien du jazz américain né en 1923 et décédé en 2009. Il propose de jouer un jazz basé sur des modes (jazz modal) plutôt que sur des accords ou des harmonies.

se répéter avec des variantes. Je m'écartais de ce système, j'allais vers des approches plus mélodiques et l'approche modale me semblait plus riche de possibilités. »[15]

En 1956, à la tête de son *Smalltet*, où s'illustre le pianiste Bill Evans, George Russel décide de composer une mélodie déstructurée sur les harmonies du « standard » : *I'll remember April*.

Lorsque j'ai découvert cet arrangement, en 1990, j'ai tout de suite imaginé dans ma tête, sa transposition visuelle et suis resté convaincu que seul, le vecteur cinématographique pourrait concrétiser cette idée.

J'ai alors entamé des recherches graphiques et colorées sur des supports variés, en dessinant diverses choses, tout en écoutant certains passages de la musique de Russel.

Ainsi, j'essayais de synchroniser mon trait et mes couleurs avec l'écoute de la musique.

Ces recherches se sont étalées sur vingt années, avant que je ne me décide de les concrétiser sur un court-métrage réalisé en bonne et due forme. D'Alembert dans son discours préliminaire à *L'Encyclopédie*, écrit : « Toute musique qui ne peint rien n'est que du bruit ».

C'est donc comme cela qu'est né « NEMASCO » : une transcription audio-visuelle reprenant graphiquement, rythmiquement et harmoniquement, les expériences de musique modale de Russel ; le tout rallié aux conceptions futuristes de la relation « image / son », que d'Alembert a exposé, au sein de son *Encyclopédie*, composée avec Diderot, de 1751 à 1765, lorsqu'il s'est exprimé sur la création d'un *clavecin oculaire*[16], qui par la suite, n'avait point échappé à la perspicacité

---

[15] Miles Davis avec Quincy Troupe, *Miles. L'autobiographie, Infolio, (2007), p. 240-241*

[16] ***Clavecin oculaire***, (Musiq. & Opt.) : Instrument à touches analogue au clavecin auriculaire, composé d'autant d'octaves de couleurs par tons et demi-tons, que le

de Boris Vian, lorsqu'il conçut, sur les mêmes théories, le *pianocktail*, pour son roman *L'Écume des jours*.

« Les couleurs et les sons se répondent » disait Baudelaire... Bien avant lui, la synesthésie avait fasciné scientifiques, philosophes et poètes. A l'Âge des Lumières, à une époque d'intense activité intellectuelle, alors que l'homme rêvait de faire la somme de toutes les connaissances acquises (le but de l'*Encyclopédie* de Diderot) et d'arriver à montrer l'unité d'un univers régi par des lois mathématiques, un savant jésuite, le Père Louis-Bertrand Castel consacra une grande partie de ses recherches à la musique des couleurs.

À l'époque, ses travaux eurent un grand retentissement, aussi bien en France que dans toute l'Europe. Le sujet de la musique des couleurs et du clavecin oculaire fut en effet débattu par nombre des grands esprits du temps : Diderot, Voltaire, Rousseau, Telemann... Beaucoup de questions posées restèrent et restent encore sans réponse: qu'est-ce que la musique des couleurs ? Qu'est-ce qu'un clavecin oculaire ? Un instrument qui permettrait d'interpréter une musique oculaire ? En a-t-on construit dans le passé ? Pourrait-on en réaliser aujourd'hui ? Les réponses ne peuvent que demeurer incertaines, d'autant que le Père Castel avait souvent été présenté par ses contemporains comme un homme d'esprit victime d'une trop grande imagination. Heureusement, le savant a été particulièrement prolixe et nous a légué un nombre important d'ouvrages, ce qui permet de suivre la genèse, le cheminement et le développement de sa pensée. Ses travaux relatifs à la musique oculaire s'étendent sur une période de trente ans et, à l'exception d'un important manuscrit inédit daté de 1752, furent tous publiés de son vivant.

---

clavecin auriculaire a d'octaves de sons par tons et demi-tons, destiné à donner à l'âme par les yeux les mêmes sensations agréables de mélodie et d'harmonie de couleurs, que celles de mélodie et d'harmonie de sons que le clavecin ordinaire lui communique par l'oreille.

Le texte fondateur de ses recherches date de 1725. Il s'intitule *Clavecin pour les yeux avec l'art de peindre les sons et toutes sortes de pièces de musique* et contient le germe de l'œuvre centrale de sa vie : il existe une même harmonie entre les couleurs qu'entre les sons ; on peut jouer avec cette harmonie de couleurs comme avec l'harmonie des sons sur le clavecin ; ce jeu de couleurs plaît à l'âme par l'œil comme le son plaît à l'âme par l'oreille.

Il affirme devoir ces idées au jésuite Athanase Kircher, qui en 1646, voyait les couleurs plus vives « *lorsque l'air est semé de divers trémoussements dus au son* », ainsi qu'à Newton qui a établi en 1667, une correspondance entre les couleurs du prisme et les tons de la gamme. Mais, alors que Kircher sentait l'analogie entre le son et la couleur, le Père Castel, lui, va donner des preuves précises de cette analogie, car il « *n'estime que ce qui est prouvé* ». Il souhaite aller plus loin que Newton qui "diapasonnait" les couleurs du prisme en produisant, grâce au jeu d'un clavecin oculaire, un mouvement de couleurs analogue au caractère fugace des couleurs rencontrées dans la nature.

Ce clavecin oculaire initial répondait à la doctrine newtonienne : à la succession diatonique des notes ut, ré, mi, fa, sol, la, si, ut correspondait la succession diatonique des couleurs violet, indigo, bleu, vert, jaune, orangé, rouge, pourpre. La notion d'octave colorée n'apparaissait pas encore : à l'intervalle ut-ut étaient associés les coloris distincts violet et pourpre.

Devant l'intérêt suscité par ses idées, le Père Castel entreprend un approfondissement de ses recherches, publié en 1735 dans un gros volume : *Nouvelles expériences d'optique et d'acoustique*. Le clavecin oculaire initial ne possédait qu'une succession diatonique de tons tandis que le clavecin auriculaire, lui, est caractérisé par une succession de douze demi-tons chromatiques. Le Père Castel a donc dû approfondir l'analogie son/couleur, par des travaux menés en collaboration avec un amateur de peinture.

D'où une refonte complète du clavier des couleurs : à la gamme chromatique commençant par ut, vont correspondre les douze couleurs : bleu, céladon, vert, olive, jaune, fauve, nacarat, rouge, cramoisi, violet, agate, turquin. Ainsi l'œil peut-il glisser d'un coloris à l'autre sans sauter les degrés des couleurs analogues aux degrés des hauteurs sonores. Toutes ces expérimentations rendent l'œil plus subtil: ainsi acquiert-on progressivement une meilleure perception des tons.

Grâce à l'expérience des teinturiers montrant que les couleurs proviennent toutes du noir, à la progression bleue, rouge, jaune pourront être associées la tonique, la dominante et la médiante. Une couleur quelconque pourra alors dériver de ces trois couleurs principales comme les différents degrés de la gamme chromatique dérivent des divisions de la corde en vibration : cela résout les problèmes de l'accord parfait et de la succession chromatique des coloris. Quant à la succession des octaves, elle trouvera sa solution dans l'utilisation du clair-obscur. En effet, chaque coloris peut évoluer lui-même vers le noir et le blanc selon les proportions relatives d'ombre et de lumière qu'il contient.

Pur produit des Lumières, le savant est le reflet de la passion de l'époque pour les mathématiques, les sciences et l'expérimentation. Il s'agissait à la fois de redéfinir les lois régissant l'univers, de le montrer comme « un grand tout » et resituer l'homme dans ce monde dont il n'est pas le maître.

D'autre part, la méthodologie rigoureuse dont le savant faisait preuve lui a permis de mettre en œuvre un mode de connaissance qui élargit la stricte approche objective. Le clavecin oculaire reste avant tout un réel outil d'exploration consciente des gestes de la pensée créatrice. Curieusement, on le retrouve aussi subtilement caractérisé dans cette pensée de Diderot : « Éclairez vos objets selon votre soleil, qui n'est pas *celui de la* nature : soyez le disciple de l'arc-en-ciel, mais n'en soyez pas l'esclave ». Finalement, qu'il s'agisse d'art ou de science, jouer du clavecin oculaire équivaut ainsi à devenir soi-même l'artisan actif de sa propre connaissance.

On l'aura compris : le film que j'ai réalisé, ne comporte ni scénario, ni trame dramatique, sinon celle menée par la musique. Mes acteurs sont, **la plume**, **le pinceau**, **les couleurs**, et la **persistance rétinienne**.

L'espace graphique de ma création est basé sur les 3 axes suivants : mélodie, harmonie, rythme.

Une fois le film entièrement dessiné et synchronisé avec la bande son, grâce à l'utilisation de la table de montage 35mm, (qui relie rigoureusement les deux éléments cités), l'auteur finalisera en postproduction, son œuvre par le biais de logiciels graphiques et de montage, sur un ordinateur … une boucle entre les outils numériques et la ronde des perceptions.

« NEMASCO » est donc un film [17]qui tend à regrouper sur une petite durée, (6mn 20sec) le principe du dialogue entre les images et les sons, qui rend hommage aux précurseurs de « la peinture musicale » et qui appelle à collaborer dans un futur proche, avec les héritiers de l'Op Art, de l'Art Cinétique, comme avec les créateurs de vidéos expérimentales et autres programmateurs informatiques, continuant les travaux précurseurs de Raymond Scott.

Le tout, lorsque nous savons que depuis l'invention de l'i-phone et de l'i-pad, des dizaines de logiciels, combinant une relation étroite entre les images et les sons, dans le but d'en produire une œuvre à part entière, sont à présent mis à la disposition du public le plus large.

Cette joyeuse perspective de création démocratique me laisse espérer aujourd'hui, que la création audio-visuelle universelle, n'a pas encore fini de nous étonner, ni de nous surprendre agréablement.

---

[17]Le film « NEMASCO » peut se visionner via internet, en cliquant sur le lien : http://www.dailymotion.com/video/xjq9ie_nemasco_shortfilms

L'oralité et l'écriture entre présent et passé

Paul Mattar

Il est difficile de me présenter devant vous avec en mains un texte écrit qui aborde le sujet de l'oralité, de sa dynamique, de son renouvellement et de ses rapports avec l'écriture. Surtout si l'on prétend, comme moi, en être un fervent défenseur. Parler de l'oralité dans un texte écrit, n'est-ce pas un paradoxe ? J'aurais souhaité débattre avec vous, simplement, les yeux dans les yeux, les oreilles tendues, les cœurs ouverts et offerts « oralement » avec tout ce que ce mot comprend de sens.

S'octroyer cette liberté serait, hélas, abusif dans le contexte de ce colloque pour lequel je voue une grande affection. Et je ne voudrais pas déranger l'ordre de son déroulement. Le temps de « parole » est limité. Je préconise, objectivement, que les organisateurs m'en voudraient d'ouvrir les vannes d'un discours sans limites et que je souhaite le plus collectif possible. Mes amis à l'IESAV, à l'USJ ou ailleurs savent combien je suis bavard. Le temps de « parole » est limité. La meilleure façon de se soumettre à cette règle est sans doute d'écrire cette parole pour mieux l'énoncer, pour la resserrer et contrôler ses débordements, pour cerner son impact et la doter d'une certaine clarté (encore qu'il y ait des risques à prendre à ce niveau). Il s'agirait donc, dans mon contexte, après avoir écrit ce que je lis en ce moment, du temps de « parole écrite » qui est limité. Parole écrite et dite par récitation. Oserai-je dire ânonnement ? Mon problème serait alors ma solitude. Je serai seul à parler. Les autres, c'est à dire vous, seraient ou seriez muets. Quelle tristesse et quelle perte de temps. Pour pallier cet inconvénient inhérent à la bienséance de cette rencontre, je vous invite à parler avec vos yeux. Il y a d'ailleurs une expression africaine (les africains sont de bons parleurs) qui dit : « La parole est dans ses yeux ». Sans forcément être africains, profitez de vos yeux pour vous exprimer.

Et si ce que j'ai écrit ne correspond pas tout-à-fait à ma pensée en ce moment? Parce que ce que j'ai écrit, je l'ai fait il y a quelques jours dans un autre contexte que celui qui nous réunit aujourd'hui. Il vient donc du passé et d'un autre lieu. Alors que ma parole, elle, s'articule ici au présent ; cet ici et ce maintenant qui nous réunissent en cette salle, en cette minute. Et si je lisais dans vos yeux quelque ennui ou désapprobation de ce que je dis, je pourrais changer mon discours sur le champ, l'improviser et surmonter les occurrences du temps et de l'espace inhérents à l'écriture. Mais je risquerais encore de me laisser aller. Et cela n'arrangerait pas les choses.

Tant pis ! Je me range. Ce qui est écrit est écrit. Et c'est ainsi que je vous le lis, comme c'est écrit.

Je me permets, au passage, une rapide digression : Si le temps de parole avait été très limité, mon intervention aurait pu se terminer ici.

Je m'en retourne à ma lecture.

Au commencement était la Parole.

C'est en ces termes que Saint Jean introduit son évangile. Il est vrai que la Parole, ici représente le Christ fils de Dieu. Mais quelle lourde tâche qui pèse sur cette parole qui sera le fait de l'ensemble des humains qui l'utiliseront comme un outil pour exprimer leur pensée et, en cela, accomplir leur humanité, comme le Christ fait homme en a donné l'exemple !

Je ne vais pas m'étendre sur les dimensions théologiques de cette introduction évangélique. Mais il est intéressant de noter que l'auteur de cet évangile ait attribué à la parole, sous l'effet d'une impulsion divine sans doute, un pouvoir créateur. « Au commencement était le Verbe… Par lui, tout s'est fait, et rien de ce qui s'est fait ne s'est fait sans lui. En lui était la vie » a écrit Saint-Jean.

Il n'est pas le seul à avoir vu dans la parole un outil d'une puissance phénoménale puisque dans certaines sociétés dominées par la tradition orale, la parole est perçue comme la source constitutive de tous les êtres, le moteur de leurs actions, le coordinateur de leurs relations.

La parole est donc au centre de nos vies. Parler, c'est partager ensemble un moment de vie.

Elle est l'axe central de notre réflexion.

La parole peut être « orale » instantanée ou « écrite » consignée.

Loin de moi la velléité de vouloir mettre en comparaison ou en compétition les modes oraux ou écrits de l'usage fait de la parole. Il serait sans doute plus judicieux de voir en quoi ils peuvent s'associer, créer une dynamique de complémentarité entre eux et mettre à profit les incidences qu'ils peuvent avoir l'un sur l'autre. Je suis convaincu que les deux sont indispensables et qu'ils sont communicants. Je pense cependant qu'il est important de rappeler succinctement les principaux caractères de l'un et de l'autre mode ou du moins ceux qui me paraissent pertinents dans le sujet que nous abordons aujourd'hui, à savoir, la dynamique de la parole et sa propension à se développer et à renouveler ses potentiels expressifs dans le cadre de l'oralité.

La parole orale.

La parole orale est instantanée, souvent spontanée. Elle se crée et se donne en même temps.

Elle est contextuelle, étroitement dépendante du lieu où elle se déroule et des intervenants qui la manipulent, qu'ils soient parleurs ou auditeurs.

La parole orale est communicante. Bilatéralement au moins. Elle procède toujours d'une démarche d'échange entre deux individus ou davantage. Parce qu'elle ne peut pas s'énoncer en solo, la parole orale est devenue un fait rassembleur de plusieurs personnes, voire d'une communauté, voire d'une collectivité. C'est probablement à cause de sa force de partage que s'est répandue l'idée généralement admise que les détenteurs de l'oralité sont aussi les porte-parole de leur communauté et les protecteurs de la mémoire des peuples. Ne dit-on pas qu'avec chaque conteur qui meurt, c'est une bibliothèque complète qui disparaît ?

La parole orale implique une pensée participative. Le parleur se trouve dans la plupart des cas devant un auditoire plus ou moins connu de lui, dont il peut observer les réactions et dont il suscite quelquefois les interventions.

De par l'interactivité qui caractérise son utilisation, la parole orale semble donc refléter une pensée concrète, « situationnelle » plutôt qu'abstraite ou « absentielle ». Et l'on constate, par exemple, que la parole orale commente bien davantage les événements qu'elle ne les relate.

La performance de la parole orale est unique, volatile et fugace. Elle ne se reproduit pas. Elle ne dure pas. Une fois dite, elle n'a plus d'existence propre. Elle n'engage le parleur qu'au moment où il parle, lui laissant la liberté de changer d'opinion ou d'approche d'un sujet à la prochaine prise de parole. En cela, la parole orale est souvent perçue comme redondante. Les mêmes choses ont besoin d'être dites autant de fois qu'il y a des auditeurs pour les entendre.

La parole orale est sonore. Elle développe, grâce à cette qualité, un deuxième langage venu se greffer à celui des mots utilisant les sons de l'élocution comme outils d'expression (intonation, musicalité, timbre, rythme…).

Quant à la parole écrite, les caractères qui lui sont propres et qui retiennent notre attention sont les suivants :

Elle est établie, planifiée, « rédigée », c'est-à-dire qu'elle a fait l'objet d'une réflexion préalable à son énoncé.

La parole écrite est décontextualisée par rapport à l'usage qu'on en fait puisque l'auteur écrit sa parole dans un lieu et dans un temps différents de ceux du lecteur qui la lit ou la déchiffre. Elle est distanciée par un fossé qui se dresse entre celui qui écrit et celui qui lit.
Elle est précise mais figée. Une parole écrite ne change pas sauf si elle se transforme en parole orale quand un orateur vient à s'en emparer pour la dire. Mais elle cesserait alors d'être écrite.

La parole écrite est durable. Elle traverse l'épreuve du temps En cela, elle est le témoin d'un instant de l'histoire (ou du passé) consigné en son sein. Elle est souvent utilisée comme preuve incontestable d'un événement ou d'une action passés.

Elle est économe. Consignée une fois dans un texte écrit, la parole peut alors être diffusée en une infinité d'exemplaires, à une infinité de lecteurs qui auront la possibilité de lire et de relire une infinité de fois la même parole dans sa totalité ou partiellement.

La parole écrite est engageante dans le sens où celui qui l'a écrite s'est impliqué dans ce qu'elle exprime.

Depuis une vingtaine d'années, un regain d'intérêt s'est manifesté à l'égard des formes orales de transmission de la parole. C'est ainsi que les conteurs ont réapparu et ont sillonné le monde du spectacle vivant avec un certain bonheur, instaurant des représentations, des festivals, des animations et autres activités toutes axées autour de la parole orale. C'est ainsi aussi que des sociologues, anthropologues, ethnologues, linguistes et autres savants de l'humain se sont penchés sur les survivances de l'oralité dans les milieux populaires y décelant les traces patrimoniales de la mémoire collective. Les griots traditionnels, les diseurs, les grand-mères, les poètes de rue et autres tenants des moyens traditionnels de transmission de l'information et de la pensée sont devenus les centres d'attraction de nombreuses enquêtes ou études et les témoins survivants d'un mode de vie en voie de disparition.

Cet engouement pour les phénomènes de l'oralité a sans doute été suscité par la suprématie insolente et outrancière des modes d'expression écrits ou « consignés » sous toutes leurs formes. Il est vrai que l'homme contemporain est téléguidé par des diffuseurs d'idées, d'émotions et de valeurs mises en boîte par des procédés très « écrits », dans le sens où ils sont établis dans un cadre bien défini. Du livre, au journal, aux films de cinéma, aux émissions de télévision, aux panneaux publicitaires... tous ces médias qui tiennent de la parole et des images écrites sont devenus les références de l'agir et du penser de l'homme d'aujourd'hui. Et c'est par compassion pour cette oralité quelque peu malmenée que certains ont tenté, par réaction résistante, ce « retour aux sources » y découvrant le goût subtilement délicieux des choses anciennes, mais affublant notre pauvre oralité de ce caractère qui lui colle à la peau comme un cliché détestable, la reléguant au monde de « l'autrefois ». Il était une fois l'oralité croit-on comprendre. Il était mais il n'est plus aucune fois l'oralité.

C'est regrettable à entendre. Car, en y regardant de plus près, c'est tout le contraire qui me paraît être vrai. J'aurais tendance, sans chercher à le dénigrer ou à réduire son impact et son importance, à placer l'écrit dans le monde du passé et situer l'oral dans le présent actuel. La parole orale, ce n'est pas seulement de jeunes auditeurs blottis autour d'une cheminée écoutant une grand-mère raconter des histoires de fées et de sorcières.

La parole orale ou contée véhicule, contrairement à ce que l'on entend souvent, une force de communication et de vie tout à fait moderne et actuelle. La communication orale libre, non soumise aux contraintes rigides et rigoureuses d'un discours écrit se base sur l'actualisation de ce qui est vécu aussi bien dans l'information qu'elle transmet que dans l'analyse ou le commentaire qu'elle propose ou que dans le débat d'idées qu'elle provoque entre les différents acteurs présents au partage de cette parole. Elle est un moment vécu au présent en complète fusion avec la réalité du moment, avec l'actualité de cet acte vital qui consiste à parler. C'est dans ces moments heureux de parole orale que les esprits se déploient librement, que les cœurs s'ouvrent franchement comme des bourgeons qui éclosent en pleine nature.

Au contraire, la parole écrite ou textuelle se concocte dans un laboratoire solipsiste de la pensée où l'auteur s'enferme dans son écriture ignorant tout ce qui se passe ailleurs. Il est seul face à sa feuille, seul face à sa pensée. Et c'est seulement, plus tard, après avoir rédigé son texte, qu'il l'exposera aux autres qui pourront alors dans cette opération en deux temps (le passé pour l'écriture puis le présent pour la lecture) prendre connaissance avec la pensée de l'auteur, mais sans aucune interactivité avec le texte. Ce dernier étant consigné sur la feuille sans aucune marge possible de modification.

Il reste cependant que le texte écrit possède un pouvoir catalyseur d'oralité. C'est le cas, par exemple, d'un comédien qui déclame un texte écrit en se l'appropriant au moment où il le dit. Grâce à la rescousse apportée par l'oralité du comédien le texte s'offre une nouvelle vie, une nouvelle dimension et un nouveau sens. Mais une fois la voix du comédien tue, le texte redevient un habitant du passé. Un autre exemple serait celui de l'appropriation du texte par l'imaginaire du lecteur qui à sa lecture crée instantanément des images qu'il voit ou des voix qu'il entend dans sa tête. Toutes suggérées par les mots écrits. C'est ce que j'appelle parler oralement avec un texte écrit. Personnellement, je suis persuadé que c'est la dimension d'oralité apportée par le lecteur qui octroie au texte écrit sa force d'expression.

Un texte écrit est beau, non pas par la grâce de ce qui est rédigé sur le papier, mais par l'appréciation et l'appropriation orales et instantanées qu'en fait l'imaginaire du lecteur.

Parce qu'elle est vécue par ses détenteurs, la parole orale est bien la valeur la plus présente et la plus contemporaine qui soit. C'est résolument elle qui est moderne.

Mais les hommes ont des faiblesses et se fatiguent souvent. Vivre tout le temps au présent est pesant et, sans nous rendre compte ou nous l'avouer, nous nous retrouvons à vivre quelquefois (pour ne pas dire de plus en plus souvent) dans le passé, faisant appel à des valeurs confirmées et stables. Nous aimons la stabilité. Elle nous réconforte. Nous avons peur des aventures et de l'inconnu souvent assimilés au futur.

Comme nous l'avons dit plus tôt, la parole orale est volatile. Une fois dite elle disparaît avec tous ses propos, discours, idées, émotions. Par ailleurs, les hommes sont accapareurs. Ils veulent tout garder, tout thésauriser. Pour ne rien perdre de ce qui a été dit, pour que la parole, une fois son moment passé, ne soit pas emportée par le vent, ils procèdent à son archivage et la consignent sous une forme d'écriture quelconque (rédaction ou enregistrement).

L'archivage est fait pour ne pas oublier. « Pour garder vivant dans nos mémoires ce qui a été dit, ce qui s'est produit. » dit-on.

À quoi sert l'archivage, si ce n'est à nous projeter dans le passé ?

L'archivage ne peut en aucune façon se substituer au présent ou remplacer la parole orale. Lutter contre l'oubli est, certes, une cause noble. Mais l'oubli est une notion exclusivement passéiste. On ne peut pas oublier ce qui est ou sera. On ne peut oublier (ou se remémorer) que ce qui a été.

Je ne cherche en aucune façon à contester l'utilité et l'importance de l'archivage ou de l'écriture. Je veux simplement dire que, si l'on désire vivre au présent, la parole orale est la voie la plus appropriée.

Peut-on vivre autrement qu'au présent ?

Personnellement, je ne le crois pas.

Je parle donc je suis. Je parle donc je suis. Je parle donc je continue d'être...L'usage permanent de la parole échangée nous permettra de vivre libres des contraintes du temps et de l'espace puisque nous vivons le moment en son lieu. L'ici et le maintenant si chers à beaucoup d'artistes de la scène vivante.

Je parle d'une liberté, hélas, utopique. Car si nos esprits la souhaitent, nos corps la freinent. Je sais, pour avoir fréquenté beaucoup de conteurs, que ces derniers sont capables de conter sans interruption autant de temps que leur parole est entendue et partagée. Ils n'ont de limite dans le temps que leur fatigue physique. Cela donne, et c'est très courant dans les soirées de conte, des nuits blanches, des marathons de récit ou seul le sommeil est capable de faire taire la parole.

C'est l'instantanéité de la parole orale qui fait sa force.

Si les hommes ont exploité de façon abusive la parole écrite dans l'ère moderne, pour des raisons que je suis incapable d'analyser ici, s'escrimant à la développer et à lui attribuer des formes et contours nouveaux, faisant usage de l'image et du signe visuel comme substitut au mot traditionnel (le proverbe chinois ne dit-il pas qu'un « sourire égale 10.000 mots » ? ou le proverbe africain qui dit « La bouche ne dit pas ce que les yeux voient »), il n'en demeure pas moins qu'avec les nouvelles technologies de communication et de parole, la tendance d'un retour vers les caractères de l'oralité se fait ressentir.

Ce retour vers l'oralité s'exprime sans doute par l'insuffisance de l'image, reine incontestée des médias modernes, à véhiculer toutes les valeurs potentielles d'une communication réelle et complète entre les êtres.

Ce qui manque à l'image « enregistrée», c'est précisément la réactivité immédiate envers l'actualité propre à l'oralité.

Les exploitants des médias l'ont très bien compris. Et nous observons de plus en plus sur nos écrans de télévision un déferlement d'émissions en direct avec ligne téléphonique pour assurer une certaine interactivité. Le mot « live » placé dans un coin de l'écran est devenu un label de qualité. Nous voyons aussi des programmes dits « réalité » qui consistent à filmer des protagonistes nuit et jour sans interruption pour partager leurs moments de vie en « temps réel ». Il en va de même avec le développement de l'internet et des réseaux sociaux qui arrivent à instaurer des modes de dialogues visuels et sonores quasi instantanés. Nous pouvons imaginer aussi que, dans un futur proche, nous pourrons avoir accès à des projections d'hologrammes ou d'images en trois dimensions qui transporteront nos interlocuteurs de là où ils se trouvent dans nos propres lieux et temps pour simuler une rencontre réelle. Nous pouvons aller plus loin et imaginer encore, en cas de solitude, que nous pourrions créer un personnage virtuel généré par nous-mêmes et avec lequel nous pourrions dialoguer et établir des liens d'oralité… etc.

Toutes ces tentatives de créer une « nouvelle oralité technologique» en tentant de s'approprier certains traits de la parole orale sont, certes, très valables et, sans doute, enrichissantes pour nos vies. Mais elles restent incomplètes et approximatives. Elles tendent vers l'instantanéité, vers le partage sans les atteindre vraiment.
L'oralité reste dans sa simplicité et sans frais supplémentaires le moyen le plus vrai pour vivre et partager le moment. Une communauté de vie entre des êtres faits de chair, de sang, de cœur, d'esprit. L'oralité sans eux, la chair, le sang, le cœur, l'esprit n'existe pas.

L'oralité a besoin d'hommes.
Il suffit de les trouver.
Et qui cherche trouve.

Je m'arrête ici.

La mémoire en scène ou la fabrique de la liberté
(Trois images pour comprendre)

Roger Assaf

Première image

Un jour, en 1982, durant le siège de Beyrouth, un avion israélien déchire le ciel au-dessus de la ville. Quelques instants plus tard, l'immeuble « Akar », près du Jardin de Sanayeh, a été soufflé d'un seul coup dans une implosion d'une haute technicité. Il y avait là huit étages, qu'une trentaine de familles habitait provisoirement. Il y a maintenant, au même endroit, une douleur debout, enracinée à jamais. Ce jour-là, juste après l'attentat, les gens accourent, s'attroupent, une multitude de regards, des spectateurs qui voient. Moi, comme beaucoup d'autres, je vois des décombres, des corps éparpillés, de la fumée, l'agitation des secouristes, une scène qui dit la guerre. A quelques pas de là où je me tiens, un homme, un de ceux qui vivaient dans cet immeuble, a un regard différent. Il voit un espace rempli des images que la guerre a effacées, des êtres vivants, un appartement rempli de meubles, d'objets, de souvenirs, des sourires, des colères, des fêtes, des disputes, il voit des scènes qui disent la vie. Et moi, je le vois qui voit, et je comprends que ma place, mon rôle, ma fonction d'artiste, est de rendre la vie à ces images, de faire échec à la guerre, de brouiller le message qu'elle a voulu inscrire, en lui renvoyant l'image indestructible d'une humanité qui lui résiste. *Guernica* de Picasso n'est pas autre chose, *les Troyennes* d'Euripide ou *le Cuirassé Potemkine* d'Eisenstein également.

La guerre et la paix. La vie et la mort.

Des antagonismes qui sont des lieux communs, sur lesquels on fait des discours, des poèmes, de la littérature ou des œuvres d'art. Et pourtant, ce sont deux erreurs de parallaxe, deux lieux communs démentis par la sagesse, la science et la foi.

Pour les sages et les savants, la vie et la mort ne sont pas antithétiques mais complémentaires, ce sont les deux dimensions nécessaires d'un même espace. Pas de vie sans mort, pas de mort sans vie, que l'on soit croyant ou pas, on sait que l'une mène à l'autre, que l'une ne serait pas possible sans l'autre, que les vivants sont la mémoire des morts et les morts l'histoire des vivants.

Par ailleurs, l'autre antithèse trompeuse est celle de la guerre et de la paix. La guerre n'est pas l'antithèse de la paix, mais son complément dans un même système de domination, les décideurs de l'une ou de l'autre sont les mêmes individus, ceux-là qui détiennent le pouvoir de déclarer la guerre ou de dicter les conditions de la paix, ces dernières contenant généralement les prémisses de la prochaine guerre.

Au-delà de cette dialectique trompeuse, l'apprentissage de la vie pendant la guerre et la pratique du théâtre au cœur de cet apprentissage, ont modifié les postulats et changé la place des termes antithétiques. Il me semble évident aujourd'hui que la guerre n'est pas l'ennemi de la paix, mais de la vie. L'objectif d'une guerre n'est pas de tuer mais de détruire. Il ne s'agit pas seulement de tuer des hommes mais de faire disparaitre avec eux l'espace vivant auquel ils appartiennent, l'ensemble des organes physiques et spirituels dans lequel s'inscrit leur vie, de la végétation aux lieux de travail, de l'habitat à la géographie sociale. Brûler des champs, bombarder des villes, déplacer des populations, tout cela procède de la même logique : détruire les tissus vivants d'une communauté humaine, et si possible éliminer jusqu'à leur mémoire et leur capacité démographique : le génocide arménien, les camps d'extermination nazis, la Bosnie… le Rwanda… la Palestine…

Le « Théâtre Hakawâti » a accompli ce voyage initiatique, entre le Liban Sud et Beyrouth, entre les barricades de la guerre civile et les barbelés de l'occupation israélienne, se nourrissant de la mémoire d'une population meurtrie, disloquée par les exodes collectifs, menacée dans ses attaches vitales avec sa terre et avec ses traditions. Cette population est (était) souriante et amène, malgré les deuils et la fierté d'avoir vaincu l'épouvante. "*Insensés les mortels qui dévastent les cités*", disait ce cher Euripide, ils ne savent pas que la guerre est ignorance et le malheur expérience, ils méconnaissent l'impuissance de la furie guerrière et la force douloureuse des décombres ré habités. Explorer la mémoire du Liban Sud a été pour nous ce voyage initiatique, ce pèlerinage de l'esprit où disparait la dualité de la guerre et de la paix, parce qu'on y trouve la dimension réelle de l'homme, qui partage avec sa terre une seule respiration, l'acceptation de la souffrance, la persistance à être, et la proximité des choses de la vie et de la mort.

Créé en 1977, le "Hakawâti" a mené un travail d'investigation de la mémoire collective liée aux guerres qui se sont succédées au Liban depuis le début du XXème siècle, et d'assimilation des formes traditionnelles du conteur arabe. *Chroniques de 1936* et *Les Jours de Khiyam* illustrent cette cohésion du "culturel" et du "politique": en explorant les histoires vivantes dans la mémoire de ceux qui les ont vécues (éclipsées ou déformées par les discours officiels et les médias), c'est l'identité collective qui se cherche et se précise à l'heure où la guerre et les conflits internes la remettent en cause, en suscitant la participation active du public et en abolissant les obstacles conventionnels entre la "création artistique" et le rapport avec le réel, c'est le langage politique qui est remis en question par le biais des similitudes qui encastrent les histoires vécues dans le temps réel de l'histoire en train de se faire.

Au-delà des considérations habituelles qui essaient de définir le "théâtre politique", l'intérêt de l'expérience du "Hakawâti" réside plutôt dans son insertion dans le politique quotidien, c'est-à-dire dans les rapports sociaux où s'inscrivent pragmatiquement le culturel et le civique. L'expérience a permis de dégager une certaine "praxis" orientée, liée à un réel particulier (celui du confessionnalisme conflictuel du Liban d'aujourd'hui) et subordonnée à une finalité morale "utopique" (celle d'un humanisme œcuménique). Travail collectif et collectivisant, culturel et politique, communautaire et civique: la mixité confessionnelle active (différente et même à l'opposé de l'uniformité laïque) renvoie à une certaine idée du Liban dans laquelle une grande partie des libanais (sinon tous) se reconnaissent.

Le partage des responsabilités (partage qui ne signifie pas distribution mais mise en commun) suscite des confrontations, des discussions, des débats, voire des conflits, mais sur la base des intérêts réels et non sur celle des partis pris idéologiques ou sectaires. L'entreprise est risquée, certes, elle nécessite une grande vigilance et le recours au fonds de sagesse patrimonial et à l'éthique démocratique.

La démocratie culturelle (qui n'est pas la démocratisation de la culture, bien au contraire) rejoint la démocratie politique en proposant à chacun et à chaque groupe, à partir de la prise de conscience de son identité culturelle, de découvrir son rôle et celui de sa communauté pour déterminer le présent et orienter le futur. Il s'agit d'un processus en mouvement, d'une découverte dans la pratique et d'une réflexion dans l'action, et non pas d'un concept communautariste figé, ni d'un concept démocratique artificiel qui se réduit à des règles (le vote majoritaire, les élections, etc....)

Les spectacles qui sont nés de cette pratique sont tout à fait inhabituels, parce que les spectateurs en ont été aussi les producteurs. Ils ont produit le texte, ils ont produit les éléments de la représentation. Leur participation est tout à fait différente de ce que nous avons l'habitude de connaître dans un théâtre de consommation. Et ce ne sont pas des spectacles tristes. Pendant la guerre, on n'est pas triste. Il y a bien sûr des moments très difficiles, de peur, d'affliction, mais quand on est ensemble, on n'est pas tristes. On chante, on raconte des histoires, on joue.

Deuxième image

Il y a une image qui ne disparaîtra jamais de ma mémoire et qui traduit, pour moi, ce que peut être l'exercice de la liberté. Pendant le siège de Beyrouth en 82, la ville était complètement encerclée. Elle est restée pendant des mois sans eau courante, sans électricité et sans ravitaillements. Elle subissait des bombardements d'une rare intensité. Mais entre les bombardements, on profitait des espaces de temps, on continuait à vivre. Il faisait très chaud. C'était le mois d'août. Tout le monde était en tenue très légère, en flanelle, en sandales ou pieds nus. L'activité principale consistait à trouver un petit appareil de télévision et à le brancher sur une batterie de voiture pour assister aux matchs du mondial de football. En face, l'armée assiégeait la ville. Les soldats étaient, malgré la chaleur, caparaçonnés dans leurs gilets énormes et sous leurs casques. Ils étouffaient dans les blindés, ils étaient prisonniers de leur rôle d'assiégeants, alors que nous nous sentions, au contraire, beaucoup plus en situation de jouir de la liberté. Eux n'étaient pas libres, ils étaient à leur poste fixe, crevant de chaleur dans leur barda, alors que nous nous circulions. C'était notre façon de conquérir une liberté qui ne nous était pas accordée. Dans la mémoire, cette image devient une métaphore de la liberté.

"L'après-guerre", comme on l'appelle couramment et trompeusement, a été plus dévastateur que la guerre. La discorde confessionnelle s'est muée en ghettoïsation confessionnelle, le gouvernement apathique (ou volontairement négligent) n'a pas entrepris le retour des populations déplacées dans les quartiers ou villages dont elles ont été expulsées, et pour couronner le tout, les spéculateurs et les accapareurs (qui étaient alors au pouvoir, qui étaient le pouvoir) ont procédé à l'énucléation de la capitale, par la spoliation des habitants du Centre-ville et la destruction de l'espace intercommunautaire qui, autour de la "Place des martyrs", symbolisait le pacte social libanais et concrétisait effectivement l'amalgame actif vivant dont la société civile avait besoin. Aujourd'hui, toutes les institutions publiques et privées sont atteintes de la gangrène confessionnelle qui ronge la société libanaise et accoutume les hommes à n'exister que dans de faux-semblant religieux, hors des autres et contre les autres, au gré des variations des enjeux politiciens.

Le collectif théâtral SHAMS a renoué avec l'expérience du Hakawâti, mais en plongeant dans les chroniques de Beyrouth, son présent et son passé menacé par l'amnésie dominante, et lancé le défi d'une activité de réflexion et d'expression politique populaire, fondée sur la richesse de la mixité confessionnelle et l'insolence de l'indépendance politique et religieuse. Mais à la différence des expériences précédentes, la mémoire collective n'est pas fédérative, elle reflète les symptômes de la discorde confessionnelle, révèle des non-dits culturels et moraux, et se traduit par une mise en crise des relations à l'intérieur du groupe. (*"La Mémoire de Job", "Le Jardin de Sanayeh" ou "La Porte de Fatima"* expriment ces fissures et mettent en scène les interrogations inquiètes des libanais surpris par leurs propres clivages). Le travail théâtral ne résout pas le problème et ne propose pas de solutions, mais il concrétise les utopies potentielles (la démocratie, la liberté, la tolérance, la solidarité active), il fait naître des amitiés solides entre des partenaires aux positionnements différents et des débats d'une franchise inhabituelle sur les cloisonnements confessionnels et les anomalies fonctionnelles d'une société constamment coincée entre deux guerres.

La force des images, des symboles, quand l'œil et l'oreille sont un relai vivant entre le réel et l'imaginaire, entre la mémoire et le vécu…

Troisième image

En 1993, «Solidère» (*The Lebanese Company for the Development and Reconstruction of Beirut Central District s.a.l*) démolit le Centre-Ville au nom de la «reconstruction».

La scène est prête, comme dans un tournage de cinéma. Silence ! …
Tout le monde est d'un côté, attentif, tendu, à l'ombre…
En face, un bâtiment rectangulaire, massif, en pleine lumière : le « Rivoli »… soigneusement bourré d'explosifs.

Le compte à rebours… et puis l'explosion. Un gros bruit, une énorme flatulence, la Place des Martyrs (centre du Centre-Ville de Beyrouth) est secouée d'un tremblement sinistre.
Des secondes interminables… Puis la vision d'une chose étonnante, presque irréelle : le gros bâtiment rectangulaire, massif, en pleine lumière, enveloppé d'une fumée qui va s'affaiblissant, est toujours debout, bien ancré au Nord de la place, indemne. Le « Rivoli » refuse de s'effondrer.
Re-mise en place de nouveaux explosifs, re-mise en scène de l'opération, re-silence … re-compte à rebours…
La deuxième explosion est plus forte que la première. Tout passe par les entrailles, celles de la terre et les nôtres… Un secouement prolongé, angoissant, un spasme au ralenti… Le brouillard de fumée se dissipe et laisse apparaître l'image saisissante de la bâtisse trapue, intacte, surprenante, d'une majesté pathétique…
La troisième fois fut sans rémission : le « Rivoli » avait cédé et s'était effondré. Les bulldozers feront le reste.

Le « Rivoli » a raconté en quelques minutes toute une histoire. Sa voix est passée au travers des explosions. Aujourd'hui, la Place des Martyrs est une vieille carte postale dont on a oublié l'emplacement; l'argent et la technologie l'ont remplacée par un jeu de construction aseptique.
La mort du « Rivoli » est une image, cette image est une cicatrice, et comme toutes les cicatrices, elle est porteuse de mémoire. La mémoire de Beyrouth…

Beyrouth n'est pas cet agglomérat d'immeubles facile à décrier pour son urbanisation chaotique et son esthétique douteuse. Beyrouth est un rapport intime de l'espace et des hommes, dont la dimension psychologique et politique engendre chez ses habitants un réflexe de résistance lié à une mentalité collective, un profil culturel, un statut moral, le tout acquis en peu de temps (moins d'un siècle), depuis que la ville, désignée capitale, s'est prise pour une Cité.
L'identification de l'utopie (ou plutôt des utopies) libanaise, arabe, islamo-chrétienne, euro-arabe, pluriconfessionnelle, interculturelle,…

avec la ville, ont donné à Beyrouth une dimension morale et psychologique qui relève du mythe plus que de la raison et correspond sans doute à un besoin de la population.

De 1940 à 1990, tous les projets ayant une allure « nationale » y trouvaient une expression citadine qui avait la double particularité d'être résistante et bruyante. Spectaculaire et indiscrète, la prise de parole populaire à Beyrouth s'est toujours déployée dans un élan jubilatoire (même aux pires moments de la guerre), mêlant terminologies et idéologies contradictoires sans souci de rigueur, comme à la recherche de son destin propre. Depuis l'éviction du Mandat français, Beyrouth était devenue le lieu focal des résistances locales et régionales, le seul espace arabe où les causes démocratiques, libertaires, nationales ou sociales, pouvaient s'exprimer et donner au monde les images transmissibles d'une humanité réfractaire.

L'ambiguïté et la contradiction étaient au rendez-vous, certes, mais l'enjeu est beaucoup plus important que le politique, il est culturel. Plus qu'une capitale (économique ou politique), Beyrouth était un lieu de convergence et d'expression, un lieu de théâtralisation des utopies.
En 1982, en 2006, la résistance de Beyrouth a admirablement illustré l'infériorité de la puissance militaire face à l'énergie d'une population qui s'identifie à sa ville.

Est-ce fortuitement que les intérêts des spéculateurs et accapareurs de l'après-guerre ont dicté la spoliation des habitants du Centre-ville et l'implosion économique et démographique de la place marchande ?
En 1940, en 1956, en 1961, tous les projets de démolition des souks sous prétexte de modernisation ont été mis en échec par un refus péremptoire et manifeste de la population, toutes confessions confondues.
Est-ce fortuitement que la « reconstruction » passe par la destruction du seul espace d'échanges et d'activités communes accessible à toutes les communautés libanaises ?

Le « Rivoli », en refusant de disparaître sans « faire une sortie », sans laisser une image forte et chargée d'émotion, a posé et imposé ces questions.

Hasard ou coïncidence signifiante, le « Rivoli » était une grande salle de cinéma jouxtant les Halles d'un côté et la gare routière centrale de l'autre, Place des Martyrs !... Il a cédé la place, à son corps défendant, à notre corps défendant, à un vaste centre d'affaires, spacieux et architecturé dans le profit et la domination, déconnecté de toute mémoire, dans l'ignorance des vivants et des morts, dans l'amnésie et l'anergie.

Hasard ou coïncidence signifiante, la formidable solidarité nationale qui émergea provisoirement pendant la guerre de l'été 2006 se manifesta dans tous les quartiers de Beyrouth (et dans tout le territoire libanais), pour accueillir et soutenir 1 500 000 réfugiés du Sud, n'eut aucune expression dans le Centre-ville, le vide pesant et impassible de la perspective nouvelle, fierté des architectes et promoteurs de la Reconstruction, semblait ne pas appartenir au pays.

Faire du théâtre à Beyrouth aujourd'hui? Quand on vit à Beyrouth - c.à.d. le cul entre deux guerres – et que l'on est « gens de théâtre » - c.à.d. le visage entre deux masques (celui qui rit et celui qui pleure) - on « joue » pour déjouer la guerre. La guerre qui cherche à détruire la vie et la ville, et qui s'en prend même à la mort, qui s'attaque au devenir des vivants en s'attaquant à tout ce qui fait leur mémoire, les lieux et les liens, le tissu vivant des travaux et des jours, la guerre qui s'exhibe en images de cadavres et de décombres... Alors les « gens de théâtre », s'ils n'ont pas oublié leurs origines de baladins, s'emparent de ce que la guerre s'acharne à faire disparaître, les rues et les demeures, les personnes et leurs histoires, et les métamorphosent en images, en récits, en matière poétique transmissible, et le théâtre met en échec, le temps d'un spectacle, l'œuvre des armes et des armées, et crée un espace où des hommes et des femmes peuvent découvrir que la guerre n'est pas la forme décisive de notre avenir.

Utopie? Sans doute. Ce qui justifie une espérance c'est son caractère inévitable. Avons-nous d'autre espérance que dans l'utopie?

La marche à l'étoile.

Comment la frontière spatiale n'en finit pas de bousculer les Terriens

Jacques Arnould

1. Celui qui marche

Celui qui marche. Celui qui marche et crée des mondes en marchant. Fuyard du continent africain, soudain trop petit pour lui. Fuyard de lui-même, comme d'un inconnu qu'il connaîtrait trop bien pour demeurer auprès de lui. Il fuit. Il se fuit lui-même. Il fuit les mondes nés de son imagination et pétris par la plante de ses pieds, le soc de ses charrues, les roues de ses chars, les étraves de ses navires, les ailes de ses avions. Mais l'homme n'a-t-il jamais conquis d'autres mondes que ceux-là même qu'il a un jour rêvés, puis un autre jour bâtis ? A-t-il jamais conquis d'autres mondes que les pages blanches de ses cartes, les monstrueuses et fascinantes *terrae incognitae* de ses planisphères ? Sédentaire de la Terre, il n'a été nomade que de lui-même. L'astronome Arthur Eddington aurait reconnu : « Nous avons, sur le rivage de l'inconnu, trouvé l'empreinte d'un pied étrange. Nous avons, à ce sujet, édifié de savantes théories, afin de rendre compte de son origine. Enfin, nous avons réussi à reconstituer la créature qui a laissé cette empreinte ; et voilà que nous reconnaissons que c'est l'empreinte de notre propre pied ! » L'homme ne pouvait croire qu'en sa propre existence. Il a eu peur d'être seul, pour toujours. Seul avec son imagination. Et ses mondes. Alors il a entrepris de conquérir l'univers, sans avoir la moindre certitude qu'il existait un dehors où il ne serait pas. Il n'a cessé de se tirer par les cheveux.

Gagarine, le premier, a franchi la barre qui entoure notre atoll terrestre. Et il a dit n'y avoir rencontré personne. Où sont donc passés les anges de nos antiques croyances, les extra-terrestres de nos rêves modernes ? Sommes-nous vraiment seuls ? Plutôt qu'une solitude, terrifiante pour les uns, rassurante pour les autres, c'est d'abord un gouffre qui s'ouvre sous les pas de l'homme de l'Espace. Celui des quinze milliards d'années dont serait vieux notre univers ; autant dire une généreuse et infranchissable foulée d'avance sur l'homme de la Terre, englué à la vitesse d'une lumière devenue soudainement visqueuse. L'Espace de nos techniques, le Ciel de nos croyances, le Cosmos de notre imagination paraissent ridicules à l'aune des étoiles et de leur silence moqueur. Lancée en 1977, la sonde Voyager 1 semble avoir désormais franchi les frontières du système solaire et de ses vents cosmiques : jamais éclaireur terrestre ne parvint aussi loin et ses signaux, pour nous atteindre, mettent une bonne douzaine d'heures. Pourtant, qu'est-ce là sinon un saut de puce sous l'immense toile du grand cirque cosmique.

Certes, ce gouffre est comble de millions d'espèces innombrables et variées, d'inventions géniales et d'impasses dramatiques ; il n'en reste pas moins un abîme dont le fond se dilue dans un énigmatique et à jamais inaccessible *big bang*. D'où venons-nous ? Où allons-nous ? Les antiques questions paraissent ne pas avoir gagné la moindre parcelle de réponse, depuis que l'homme a tourné ses télescopes vers le cœur du ciel et ses microscopes vers l'intime du vivant. Et ceux qui chevauchent les nuées à bord de leurs engins spatiaux en restent encore à être partagés entre l'élan du nomade enivré d'horizons et l'attachement du sédentaire à son terroir.

2. Le règne des terres inconnues

Lorsque l'œil puis l'esprit peinent à distinguer et à reconnaître, à nommer et à situer, lorsque l'observation et l'analyse cèdent la place à la suggestion et à l'imagination, lorsque le tracé des côtes, des fleuves et du relief se brouille pour se peupler de formes fantastiques ou du blanc de l'inconnaissance, revient alors le temps des *terrae incognitae*. Ces terres inconnues qui, depuis l'apparition de l'Homme sur la Terre, l'ont poussé hors des limites de la cité et de lui-même. Ces terres inconnues que les géographes du passé avaient peuplées d'êtres aussi extraordinaires qu'effrayants, comme pour dire à ceux qui liraient leurs cartes et leurs mappemondes : « N'y allez pas ! »... et pour les maintenir dans l'*incognito*. Ces terres inconnues n'ont pas toutes disparu. Il suffit qu'un astronaute regarde par le hublot de son vaisseau, prenne des vues de notre Terre, en oublie ou fasse sembler d'ignorer leurs localisations... pour que la magie de l'inconnu se réveille. Et, grâce à elle, notre imagination.

Aussi, malgré les connaissances accumulées par les sciences modernes, l'Espace garde sa part de mystère, alimentée par ses dimensions gigantesques et la beauté, parfois effrayante, toujours fascinante, des images que nous en recevons. Parce que l'Espace continue à poser la question du sens, celle du cosmos, de la vie ou de l'être humain, sans lui donner une réponse claire et définitive. Parce que l'Espace suscite aussi, aujourd'hui et plus que jamais, la créativité, celle de l'artiste et du mystique, désormais celle de l'ingénieur et du scientifique. Face à l'Espace, posé comme un nouveau monde, un défi, un mystère, l'homme entend l'étrange prière du psalmiste à son Dieu, presque une prophétie des actuelles entreprises astronomiques et astronautiques :

« À voir ton ciel, ouvrage de tes doigts,
La lune et les étoiles que tu fixas,
Qu'est donc le mortel, que tu t'en souviennes,
Le fils d'Adam, que tu le veuilles visiter ?
À peine le fis-tu moindre qu'un dieu ;
Tu le couronnes de gloire et de beauté,
Pour qu'il domine sur l'œuvre de tes mains ;
Tout fut mis par toi sous ses pieds. » (*Psaume* 8 aux versets 4 à 7)

La conquête de l'Espace comme le désir du Ciel ne sont en rien rêveries sans objet ou pensées nostalgiques. Ils exigent un engagement de la personne comme de la société tout entière, jusque dans leurs ressorts les plus humains, les plus terrestres. Pour être un jour, les enfants des étoiles, les compagnons des anges ou les interlocuteurs des extraterrestres, nous devons continuer à découvrir le sens de notre humanité. À l'imaginer. Et à oser le faire nôtre.

3. L'outrepasseur

À peine un souffle, une trace de buée sur la vitre : un vivant peut-il prétendre être davantage à l'aune des infinis de l'espace et du temps, au rythme effréné des générations ? « Vanité des vanités, disait l'Ecclésiaste, vanité des vanités, tout est vanité. Un âge va, un âge vient, mais la terre tient toujours. Le soleil se lève, le soleil se couche, il se hâte vers son lieu et c'est là qu'il se lève. [...] Ce qui fut, cela sera, ce qui s'est fait se refera, et il n'y a rien de nouveau sous le soleil ! » (*Livre de l'Ecclésiaste*, chapitre 1, versets 2 à 5 et 9). Ce que la tradition a choisi de traduire par vanité désigne aussi, en hébreu, la vapeur, la fumée, la buée. Signe paradoxal. La buée est le témoin de la vie : celle qui se dépose sur un miroir placé devant la bouche du moribond révèle que ce dernier n'a pas encore rendu son dernier souffle. Pourtant sa mort est aussi inévitable que la disparition d'une buée sur la vitre, sans laisser aucune trace après elle. De passage, c'est donc là l'infranchissable limite du vivant, sa paradoxale prison. Et la mort s'annonce, inévitable, à la fois comme garde-chiourme et comme unique porte de sortie...

Un être, apparemment singulier sur cette Terre, connaît les secrets de l'évasion. Son cerveau et l'histoire de son espèce l'ont doté d'une capacité mentale peu ordinaire : celle de concevoir des images qui ne correspondent pas au réel. Et si l'imaginaire était le propre de l'homme ?

Sur l'imagination humaine quel philosophe ne s'est-il pas penché ? De Platon à Hegel, en passant par Descartes ou Kant, « la folle qui fait la folle », pour ne citer que l'aimable Malebranche, n'a pas cessé de fasciner les penseurs. Troublés peut-être, ils ont souvent préféré la dévaluer, la reclure dans les profondeurs de l'âme humaine, à moins d'y recourir pour analyser les passions et les sentiments. Certains, pourtant, tels Fichte, Schelling ou encore Sartre, l'ont abordée autrement : qu'elle soit liée aux sens ne l'empêche pas de plonger ses racines dans l'expérience et la mise en œuvre d'une profonde liberté.

L'imagination, en effet, ne consiste pas seulement à pouvoir se représenter un objet en son absence. Elle devient pur possible, liberté sans bornes, lorsqu'elle crée de l'irréel hors de ce monde, alors même que son détenteur, l'homme, y demeure ancré, enraciné, enfoui ; Bachelard n'a pas tort d'affirmer qu'« imaginer, c'est s'absenter, c'est s'élancer vers une vie nouvelle ». Mais prenons garde : les mondes atteints par le voyageur imaginaire ou plutôt ceux qui viennent à lui ne sont que vide et néant, buée sur la vitre, l'écran de sa pensée.

L'étymologie n'est pas dénuée de sagesse qui, aux expressions d'outremer et d'outre-tombe, attache une même racine qu'à celle d'outrepasser. S'il est des voyages qui mènent à l'autre bout du monde et parfois au-delà, celui de l'imagination, en franchissant les limes de la réalité, peut conduire à d'irréversibles excès. L'homme, cet outrepasseur du réel, ne sera jamais plus en danger que lorsqu'il oubliera vers quels horizons, quelles destinations il a emboîté le pas de son imagination. Alerté dès les premiers sauts d'humanité, il n'a pas tardé à poser, à s'imposer les liens du sacré.

4. Sacré

Sacer : ce qui est mis à part et séparé, ce qui est investi d'une valeur intangible, d'un caractère inviolable, d'une pureté inaltérable. Ainsi, l'espace du temple, le *fanum*, est-il séparé de l'espace qui l'entoure, le *profanum*. Saint des Saints aux multiples noms, interdit au commun des fidèles, séparé d'eux par un seuil qui est lui-même chose sacrée.

Sacer : celui aussi qui est mis à part pour servir la divinité. Rendu différent, il ne peut plus être touché sans être souillé, ni sans souiller. La jeune accouchée, parce qu'elle a approché du mystère même de la vie et donc du divin, se trouve momentanément sacrée, consacrée : elle ne peut plus toucher aux choses ni aux êtres, demeurés profanes, sous peine de les souiller. Elle doit donc être purifiée, à l'instar d'un vase qui aura servi à quelque rite religieux.

Sacer : celui enfin qui s'est rendu coupable d'un crime contre les dieux ou contre l'État. Il est séparé, retranché du groupe religieux ou social. Sa mort, seule, peut rendre au monde son ordonnancement et sa paix. *Sacer*... Comment le Ciel n'aurait-il pas été, le premier peut-être, déclaré sacré ? Son incommensurable élévation et son terrifiant infini, sa froide immutabilité et sa redoutable puissance : Mircea Eliade va jusqu'à en faire le symbole même de la transcendance, le théâtre de la manifestation divine des origines. Et il est vrai que le Ciel rassemble tous les caractères, toutes les propriétés que les hommes, religieux ou penseurs, pratiquants ou poètes, ont accumulées au fil des siècles pour tenter de cerner et de dire ce qu'est le sacré. Tâche rendue d'autant plus difficile qu'à la séparation primordiale s'ajoute une inévitable dialectique : du Ciel comme du sacré, il est possible de dire qu'ils suscitent l'horreur et l'amour selon Augustin d'Hippone, le *tremendum* (le terrible) et le *fascinans* (le captivant) selon Rudolf Otto, l'extase béatifique et l'expérience démoniaque. Quoi de plus naturel, alors, si le Ciel a occupé les rêves, les espoirs, les soupirs des humains, avec d'autant plus d'aisance que personne, pour s'y être éventuellement rendu, n'en était revenu pour en parler... et risquer de le démythifier, de le désacraliser !

Jusqu'au XXème siècle, l'humanité s'est trouvée face au Ciel dans une situation semblable à celle de ses ancêtres, reclus dans quelques clairières courageusement conquises, entourés par des forêts et des territoires inconnus et, dès lors, déclarés sacrés. Mais les peurs ont été vaincues et les interdits transgressés. Les lisières ont été franchies et les tours de lancement dressées. Les premiers cosmonautes, les premiers astronautes allaient-ils profaner le ciel ? Pour un temps, ils ne purent eux-mêmes échapper à la sacralisation. De la couleur de leurs vêtements (le blanc de la pureté, le rouge du sacrifice) à la rigueur ascétique de leurs entraînements, de leur sévère (s)élection à l'aura de leur célébrité, tout conduisait à en faire des demi-dieux et des *stars*, parfois avant même d'aller flirter avec les étoiles. Et, comme pour ne rien oublier, les héros américains plongeaient à leur retour dans les eaux du Pacifique comme dans un bain de purification, sans oublier l'ultime épreuve de la quarantaine. Le Ciel, devenu entretemps l'Espace, n'avait rien perdu de sa grandeur ; il avait même sacralisé une petite portion d'humanité !

5. Banalisation

Les choses ont changé. Les héros et les pionniers d'hier ont été remplacés par des hommes et des femmes d'exception qui côtoient eux-mêmes les premiers touristes : l'Espace serait-il menacé de désacralisation ? Comme pour donner raison à ceux qui le craignent, ne parle-t-on pas aujourd'hui des débris qui souillent les orbites circumterrestres, la Lune, Mars et même Titan ? L'Espace est-il menacé de perdre sa majuscule ?

Sans verser dans la banalité et accepter le sacrilège, il faut tempérer ces craintes. D'abord, à la différence des territoires sacrés de notre planète, celui du Ciel est apparemment infini comme le nombre des sanctuaires. Ensuite, il ne faut pas s'effrayer outre mesure d'un processus bien connu de l'humanité : que nous l'acceptions, l'apprécions, le défendons ou non, nos sciences, nos techniques contemporaines sont les fruits d'une sévère désacralisation de la nature. D'une efficace banalisation. À nous d'en tirer les leçons pour l'étape suivante. Enfin et surtout peut-être, il faut admettre que, s'il existe un sacré de la transgression, analysé par Roger Caillois, il doit aussi exister une transgression du sacré. Dit autrement : il ne saurait y avoir de sacré sans possibilité de le transgresser, d'en franchir les limites. Au cœur du temple de Jérusalem, le Saint des Saints était le lieu sacré par excellence de la foi juive ; un lieu où nul ne pouvait entrer, sinon le Grand Prêtre, une fois par an, pour y prononcer le nom, habituellement imprononçable, de Dieu. Il en est de même pour tous les Saints des Saints, tous les sacrés instaurés ou reconnus par l'humanité : ils doivent pouvoir être transgressés. Sinon, pourquoi avoir imaginé de si multiples et si complexes rites de purification ?

Reconnaissons-le, il n'existe pas de plus beaux repaires pour le diable que ces zones interdites, ces sanctuaires intouchables qui peuvent héberger les nouveaux arbres de la connaissance, susceptibles de conduire l'humanité dans les rets de la tentation et de la désobéissance, du mensonge et de la dénonciation. Il y a danger dès lors que nous mettons quelque chose ou quelqu'un à côté mais surtout au-dessus de l'homme. Et il faut sans doute dire à propos de bien des choses déclarées sacrées ce que Jésus dit du sabbat : « Le sabbat est fait pour l'homme et non l'homme pour le sabbat. » À l'oublier, nous laisserions la place au diable et à ses sarabandes de sorcières. À Dieu ne plaise !

6. Sagesse

Que meure donc la sorcière, avec les horreurs, les déviations, les perversions dont nos sociétés l'ont chargée, tel un bouc émissaire ! L'entreprise spatiale, nous devons le reconnaître, n'en est pas exempte, elle qui a pour lointain lignage l'alliance de la magie et de l'astrologie. Mais que nous reste la fée, celle qui, sous la plume de Jules Michelet, est admirée pour « son cœur et sa pitié, sa divination de bonté, [...] la douceur et l'humanité, comme un sourire de la nature ». Car d'âme il est encore et toujours question. Non pas à vendre au diable, mais à donner. Cinquante années de pratique spatiale n'ont pu se dérouler en totale absence d'âme, bien entendu ; mais personne ne niera qu'il en faudrait aujourd'hui un surcroît. Nul besoin de recourir aux filtres, ni aux piteux tours de passe-passe, comme en offrent les stratèges, ceux de la politique et de l'économie. L'âme est ailleurs, cachée peut-être comme celle du violon, dévoilée par la justesse d'un accord, la beauté d'un geste.

« L'immensité est en nous, écrit Gaston Bachelard dans sa *Poétique de l'espace*. Elle est attachée à une sorte d'expansion d'être que la vie refrène, que la prudence arrête, mais qui reprend dans la solitude. » En conquérant l'Espace, l'humanité ne fait donc rien d'autre qu'appliquer l'antique sentence des sages : « Connais-toi toi-même. » De sages, voilà ce dont l'Espace, notre Espace donc, a plus que jamais grand besoin.

Besoin de sages, à la manière des Anciens, qui posséderaient et nous partageraient un savoir-faire autant qu'un savoir-être. Le poète doit s'allier à l'ingénieur, le plasticien faire cause commune avec l'inventeur, le philosophe converser avec le politique. La tâche n'est pas banale : il ne s'agit plus de lire le destin de l'humanité dans le cours des étoiles, mais de l'y inscrire, en lettres volontaires et poétiques, au milieu des étoiles.

Besoin de sages, pour introduire un sens, pour donner du sens à une entreprise alourdie par près d'un demi-siècle d'exploits tant humains que technologiques et programmatiques. Mais aussi d'échecs. Le discours de John F. Kennedy a fait son temps : qui, mieux que les sages, pourra désigner la nouvelle frontière, le nouvel horizon ? Sans doute s'en défendront-ils : du proverbe chinois, désormais universel, ils connaissent, hélas, la douloureuse véracité : « Le sage montre la Lune, le fou regarde le doigt. » Mais aujourd'hui, grâce aux télescopes et aux sondes, le doigt du sage lui-même a pris de la hauteur et le regarder, c'est déjà appartenir un peu à l'Espace.

Besoin de sages, encore, pour apprendre à l'humanité à renouer ses liens avec la Terre et les vivants qui s'y trouvent. Des voix s'élèvent parfois pour s'inquiéter de l'attention et surtout des moyens qui se perdraient pour être dirigés vers l'Espace. Un esprit cynique, mais non dénué de bon sens, pourrait leur rétorquer : « Mais qui vous assure qu'ils seraient mieux utilisés sur Terre ? ». Ces voix méritent pourtant d'être écoutées : il est temps de renouer les liens de filiation entre l'humanité et la Terre, d'en reconnaître et d'en accepter les droits et les devoirs.
Besoin de sages, pour reprendre le flambeau de celui qui, au crépuscule du XIXème siècle, écrivait :
« Nous autres aéronautes de l'esprit !
Tous ces hardis oiseaux qui prennent leur essor vers le lointain, le plus extrême lointain, - certes, un moment viendra où ils ne pourront aller plus loin et se percheront sur un mât ou sur un misérable récif - encore reconnaissants d'avoir ce misérable refuge ! Mais qui aurait droit

d'en conclure que ne s'ouvre plus devant eux une immense voie libre et qu'ils ont volé aussi loin que l'on peut voler ! Tous nos grands maîtres et prédécesseurs ont fini par s'arrêter, et le geste de la fatigue qui s'arrête n'est ni le plus noble, ni le plus gracieux : à moi comme à toi, cela arrivera aussi ! Mais que m'importe, et que t'importe ! D'autres oiseaux voleront plus loin ! Cette idée, cette foi qui est la nôtre vole avec eux à l'envi vers les lointains et les hauteurs, elle monte à tire d'aile au-dessus de notre tête et de son impuissance, vers le ciel où elle regarde au loin et prévoit des vols d'oiseaux bien plus puissants que nous qui s'élanceront dans la direction où nous nous élancions, là où tout est encore mer, mer, mer ! – Et où voulons-nous donc aller ? Voulons-nous donc franchir la mer ? Où nous entraîne ce désir puissant qui compte pour nous plus qu'aucune joie ? Pourquoi précisément dans cette direction, là où jusqu'à présent, tous les soleils de l'humanité ont disparu ? Peut-être racontera-t-on un jour que, pour nous aussi, tirant vers l'ouest, nous espérâmes atteindre une Inde, - mais que notre destin fut d'échouer devant l'infini ? Ou bien, mes frères ? Ou bien ? » (Friedrich Nietzsche, *Aurore*)
Oui, mes frères, la quête du ciel… ou bien ?

Du même auteur, sur le même sujet :

La marche à l'étoile. Pourquoi sommes-nous fascinés par l'espace ?, Albin Michel, 2006.
Qu'allons-nous faire dans ces étoiles ? De l'éthique dans la conquête spatiale, Bayard, 2009.
La Terre d'un clic. Du bon usage des satellites, Paris, Odile Jacob, 2010.
Icarus' Second Chance. The Basis and Perspectives of Space Ethics, Springer, 2011.
Une brève histoire de l'espace, Éditions Jean-Claude Béhar, 2011

Savoirs de portes, Savoirs de frontières

Pascal Dibie

Munis chacun de nos passeports, nous sommes arrivés jusqu'à Beyrouth avec ce « sauf conduit » qui apparut dès le XIIIème, sous le nom de « sauf-allant et venant », premier brevet portatif non scellé portant le nom du possesseur des terres qui nous autorisait à les traverser. Il ne semble pas que beaucoup de Croisés en furent possesseurs pour arriver jusqu'aux rives du Levant...Il n'empêche que nous ne sommes là aujourd'hui, au Liban, grâce à la possession de ce « passeport », cette autorisation temporaire et renouvelable délivrée par notre nation d'origine et son État à tout citoyen majeur ; « visa » qui permet que nous quittions notre domicile et surtout que nous ne fassions ni « front », ni affront, à ceux qui nous reçoivent ouvertement... Ainsi pouvons-nous passer les « frontières » (1360), ces limites qui séparaient deux territoires restreints et privés et qui depuis 1770, symbolisent la limite conjointe qui sépare deux États.

Étonnamment malgré le constat anthropologique de vouloir substituer l'alliance, le don et le commerce à la guerre, à l'isolement et à la stagnation (comme le remarquait Marcel Mauss), on s'accroche encore en majorité à la frontière, quand on ne construit pas carrément des murs, comme aujourd'hui entre l'Amérique et le Mexique, l'Afrique du Sud et le Zimbabwe, l'Arabie Saoudite et le Yémen, l'Ouzbékistan et le Kirghizstan, la Chine et la Corée du Nord et bien entendu très proche du Liban et le plus connu médiatiquement : entre Israël et Gaza. Toute la stratégie de ces barrières physiques a pour objectif de désenchanter l'arrivant, de dire et de redire que celui ou celle qui n'a pas de « passeporte » en règle au regard d'un hôte qui est de moins en moins national, de moins en moins repérable et de ce fait de plus en plus abstrait, reste en deçà de l'espoir d'un au-delà ouvert à tout passage, à toute transformation, voir à la transfiguration... C'est par ce biais que nous rejoignons ce que j'ai nommé les « Savoirs de portes ». Rarement évoqué comme telle, la notion de « porte » est une notion par nécessité ;

nécessité liée tout autant par le besoin que nous humains, mammifères non spécialisés, avons de nous protéger, de barricader notre niche écologique le temps du repos, que par le besoin de sortir et d'entrer pour nous livrer à nos occupations…

Il se trouve que chaque langue procède à l'aménagement de sa terminologie, or, pour ne prendre que les langues indo-européennes, le linguiste Émile Benveniste note, à raison, que « les différentes langues n'ont pas la même manière d'être indo-européennes. ». Il remarque par exemple une opposition qui n'était pas prévisible au départ entre « chez soi », *domi* en latin, et *foris*, « le dehors ». « Il y a dans les langues indo-européennes, précise-t-il, plusieurs noms de la porte ; la répartition en est inégale. (…) Ce mot repose sur un ancien neutre *werom*, fermeture, dérivé de la racine *wer-* (du sanscrit *vrnoti'* « il renferme, il clôt », allemand *Wehr*), termes localisés (…) Dans d'autres langues au contraire, une multiplicité de termes commande l'attention. »

Si l'on prend le latin il y a pour la porte *: fores, porta, janua, ostium* qui sont autant de portes ou de passages spécifiques. Mais je retiendrai ici la forme indo-européenne de *fores* qui a la plus grande extension, *dhwer-,* terme inanalysable par lui-même, qui à un degré réduit donna *dhur-,* en grec *thura*, « généralement au pluriel, note Benvéniste, parce que la porte est conçue en ses multiples éléments comme l'ensemble d'un dispositif », qui exprima longtemps le nom d'un objet matériel qualifié par les fonctions qu'il remplit. Avec *dhwer,* dont on ne sait si c'est l'héritage d' une onomatopée rassurante, d'un cri ou d'une injonction excédée qu'il nous arrive de recevoir, du type « la porte ! », on retiendra qu'il s'agit de la porte désignée de l'intérieur de la maison, vue et ressentie par celui qui s'inscrit dans la limite de la maison comme le garant de l'intériorité et comprenant dans la définition même son corollaire : ce qui est « hors de la porte » autrement dit le « dehors » ; deux faces d'un même objets (d'où *janua*, Janus) mais deux conceptions du monde qui s'expriment en deçà et au-delà de cette frontière matérielle. Reste à savoir comment on la franchit.

C'est ici que viennent s'élaborer nos « savoirs de passages » par le biais d'annonces, de rites d'accueil, d'expulsion, de défense, d'ouverture, de fermeture, bref de tout ce qui fait et contient nos politesses, nos désirs et nos craintes et qui constituent nos vraies frontières. Même s'il arrive que la frontière soit une borne naturelle, un rocher un arbre, une rivière ou un lac sacré qu'il est interdit de franchir ou de dépasser sous peine de sanctions naturelles, ce n'est pas tant l'acte de passer qui fait le passage que les puissances qui assurent ou défendent immatériellement ce passage note le folkloriste Arnold Van Gennep. C'est ce dernier qui a mis en exergue le « pivotement de la notion de sacré » ; il a montré que les deux territoires appropriés sont sacrés pour qui se trouve dans la zone, et ce de quelque côté que ce soit. Quiconque passe d'un côté à l'autre se trouve dans une situation magico-religieuse : en même temps qu'il entre dans une marge, il flotte entre deux mondes et prend des risques, échappant à une protection connue pour entrer dans une zone inconnue et dangereuse dont on a conscience qu'elle va nous faire changer de statut.

C'est aux franges de nos espaces définis et repérés que l'on nomme territoires, à ce moment où cette notion se fluidifie et où les marqueurs visuels et symboliques se troublent que la « sortie » va se faire ; ce moment non défini où l'on vient du dedans pour aller vers le dehors et dont le nom même, sortir, du latin *sortiri*, qui signifiait « tirer au sort », « recevoir par le sort », à partir du participe *sortitus* signifiant « qui a été désigné par le sort », à donner « qui échappe à », qui « se manifeste au-dehors ». En français *sortir* n'a pris son sens contemporain qui indique que l' « on quitte un lieu » qu'en 1530. Mais sortir c'est aussi franchir un *seuil* (1160), quitter la base d'un établissement humain pour aller au-delà des fondements connus de notre établissement spatial et mental.

Or, l'histoire et l'anthropologie nous montrent que c'est souvent à partir de là que naissent des signes identitaires ; signes qui peuvent aller jusqu'à former des croyances qui vont conditionner nos passages et nos interdits voir imposer des tabous qui, comme en Océanie, peuvent aller jusqu'à la mort.

Il n'est pas difficile de marquer une frontière, il suffit parfois de placer dans un espace déterminé du sol un ou plusieurs objets dont la mise en place aura été accompagnée de rites de consécration particuliers. Cette « consécration » reconnue par un groupe définit fera que pénétrer dans cet espace réservé en y étant étranger, c'est commettre un sacrilège, autrement dit c'est violer le tabou de passage. Une borne ou un portique n'est jamais franchi sans que l'on ait quelque appréhension à cause de ça. On peut par exemple fermer un chemin avec une gerbe, un morceau de bois croisé, un pieu, un portique, une statue grossière ou même très élaborées. C'est en tout cas comme cela qu'on inventera les « gardiens du seuil ». Gardiens de Portes qui en Égypte ou en Babylonie prirent la forme de dragons ailés, de sphinx, de lions jusqu'à atteindre les proportions monumentales que l'on connait. Mais le fait qu'ils devinrent si grands et si impressionnant effaça leur fonction première de gardiennage aux portes au point qu'ils n'eurent plus de rapport avec le passage surveillé et la porte ou le seuil qu'ils défendaient furent repoussés à l'arrière-plan, les prières et les sacrifices ne s'adressant plus qu'à ces nouveaux dieux terribles et exclusifs : le rite de passage originel et matériel se perdit pour devenir un rite de passage spirituel.

Pour revenir à nos « savoirs de porte », la vie populaire recèle encore des traditions et des croyances magiques, dont on sait grâce aux travaux des anthropologues et pour citer la belle formule de James Frazer que c'est là, « la tige mère sur laquelle se sont greffés les fruits dorés de la loi ». Pour ce qui est des portes et des passages les actes magiques pratiqués, dans les conditions où ils s'exerçaient parurent très longtemps normaux. Il faut savoir qu'aucune société humaine connue ne vit sans rite, aussi faut-il voir dans les rites collectifs un moyen d'exalter la solidarité sociale et de tenir le groupe. Toujours est-il que les nombreux rites d'approche, de défense ou de passage européens et extra-européens si ils ne datent pas d'hier et sont pour beaucoup tombés en désuétude, sont et restent indispensables à l'efficacité du rituel.

Chacun sait que faire un rite demande toujours de la précision et, pour les gestes et les paroles qui l'accompagnent, de la minutie et de l'exactitude. Dans notre monde sans cesse en mouvement et difficilement contrôlable, la fixité et la répétition sont les garants de l'efficacité du rite. C'est justement cette stabilité qui fait du rite un document ethnographique irremplaçable pour comprendre la façon qu'à chaque culture, chaque société, d'ancrer et de complexifier sans cesse son rapport à l'univers et de l'inscrire dans des croyances qu'on s'imagine immuables. Passer d'un état à un autre, changer de saison, se préparer à « entrer » ou à « sortir » ne sont pas des actes banals et demande chez les humains des précautions et une vigilance particulière.

Pour donner quelques exemples, je voudrais revenir à la mythique fondation de Rome. Bien peu de gens se souviennent que les pontifes avaient d'abord pour tâche d'entretenir le pont jeté sur le Tibre et en particulier les « *religiones* », ces sortes de nœuds de paille qui maintenaient les poutres. Le caractère symbolique de ces nœuds qui relient est évident mais il est intéressant de savoir qu'aujourd'hui encore, dans pratiquement toute l'Europe, ces « religions », (religere, lié avec), cette re-liance est restée d'accrocher quelques brins de paille noués ou tressés au-dessus du linteau de la porte en guise de protection et d'expression de bienvenue, même si nous nous imaginons que cela est seulement décoratif. Tout comme en Iran, le premier jour de chaque mois on demande à quelqu'un qui a le « pied léger », c'est à dire qui est chanceux, de fixer à un poteau ou au linteau de la porte la branche d'un arbre aux feuilles pérennes, à l'image du destin que l'on souhaite à la famille.

De même, le mercredi précède la nouvelle année, on insiste, dans certains cantons, pour que ce soit quelqu'un qui a lui aussi le pied heureux, qui foule le premier le sol de la maison, inaugurant ainsi sous les meilleurs auspices l'année qui s'ouvre et le bonheur de la maisonnée… En Algérie, le premier jour de l'été musulman, il n'y a pas longtemps les gens d'Agouri Oufourou traçaient autour de leur porte un rectangle de goudron et de bouse fraîche afin d'empêcher que les enfants ne tombent malade. Dans certaines campagnes du sud du Maroc, dans les années soixante encore, les fausses couches donnaient lieu à des pratiques particulières : un fœtus avorté avant cinq mois devait être enterré sur le seuil de la maison. Il était censé la protéger par sa baraka, sa chance. Pendant cette période la femme ne devait donner aux voisins ni sel, ni feu, ni levain : l'espace domestique se repliait sur lui-même. On interdisait même toute entrée et toute sortie d'objets et de personnes par la porte de la maison. Au Japon, c'est chaque jour que l'on met du sel sur le seuil de la porte. Il arrive parfois qu'après le départ d'une personne détestable on en répande à l'intérieur même de la maison.

Le seuil, dont Furetière signale que ce mot vient de *solum*, Ménage, est un lieu qui a toujours été très craint, très respecté et très « chargé » par l'homme. Dans son dictionnaire, Furetière signale que déjà au XVIIème siècle « c'est un crime capitale et irrémissible en Tartarie de marcher sur le seuil de la porte en entrant en quelque lieu ». Sur ce plan-là, les choses n'ont guère changé, mis à part le châtiment ultime: heurter le seuil d'une yourte aujourd'hui encore risque de mettre en péril l'harmonie de la maisonnée. Dans le cas où cela se produit, on est obligé de s'excuser et de recommencer son entrée, alors seulement, le maître de la maison peut vous accueillir.

Pour revenir en Europe, dans un livre Alsacien de médecine populaire datant du XVIIème siècle trouvé à Weiterswiller, on lit : « quand tu construis une nouvelle maison, tu écris sur trois papiers différents : Dieu le Père, Dieu le Fils, et Dieu l'Esprit, la Sainte et Divine Trinité. Le soleil et la lune ont leur forme au-dessus de l'eau et du pays. Afin qu'aucun feu et qu'aucune flamme ne se déclarent dans cette maison, on fabriquera trois boites en fer blanc pour y mettre ces trois papiers et on en terrera les boites dans trois coins : sous le seuil ou sous la pierre, afin qu'ils ne pourrissent pas. » On préconise aussi d'enterrer sous le seuil un pot, contenant différents objets notamment la chemise d'une vierge, afin de protéger la maison contre le feu. Toujours en Alsace, à la naissance d'un enfant il faut tout dénouer dans la maison et surtout ne pas omettre de veiller à ce que les serrures des portes intérieures soient ouvertes. On note qu'il fallait surtout se méfier des esprits infernaux qui pouvaient pénétrer dans la maison par la cheminée, les fenêtres ou par la porte. À cet effet on traçait des signes magiques sur les linteaux. À Drudenfuss, c'était soit la Sage-femme, soit le père de famille qui dessinait un pentagramme (étoile à cinq branches) sur la porte d'entrée, la hotte de la cheminée et les rebords de la fenêtre. Toutes les portes extérieures de la maison, à l'inverse des autres portes du logis, devaient quant à elles être solidement verrouillés et les fenêtres fermées. Ces fermetures étaient d'autant plus efficaces pour arrêter les esprits que le menuisier qui les avait fabriqués n'avait pas oublié de fabriquer avec les chutes du bois qui servit à faire la porte une « croix de Christ ». Dans presque toutes les sociétés pour accroître les défenses, le fer était utilisé, tout ce qui est en fer étant un objet d'horreur pour les esprits malfaisants. C'est ainsi que l'on plante un couteau dans la porte d'entrée, ou encore on dépose sur ou dans le lit de la future parturiente des couteaux croisés ou d'autres instruments tranchants.

On peut noter que la coutume dans toute l'Europe de fixer un fer à cheval au-dessus du linteau des portes va exactement dans le même sens. Pour plus de précaution, on éloigne les chats (en quoi les sorciers se déguisent parfois), clouent les chatières et on dépose deux balais retournés à la porte de la chambre de la future mère, agrémentés de trois grains de sel. Le balai retourné signifie l'anéantissement de la puissance des sorciers, quant au sel, symbole du divin, on aura compris que les trois grains représentent la Très Sainte Trinité. On peut ajouter quelques ingrédients à cette haute protection, comme à Humpach où la grand-mère écrasait un oignon avec son sabot devant la porte de la chambre de la femme en couche et devant celle du nouveau-né, si elle était distincte de celle de la mère. L'oignon étant un symbole de vie il a toujours été utilisé comme une arme efficace pour éloigner les esprits qui redoutent les plantes à odeurs fortes et plus encore de pleurer !

À Sundhoffen, la lutte anti-démons est plus démonstrative encore : on s'en protégeait en frappant la nuit, à intervalles réguliers, et en fixant aux portes des balais en genêts retournés. On pouvait aussi écrire sur la chambre où se trouvait le nouveau-né : « Éloignez-vous esprits infernaux, vous n'avez rien à faire ici. Cet enfant appartient au royaume de Jésus, laissez-le donc dormir en paix ». Les choses se compliquaient lorsqu'une mère mourait en couche. Dans les actes d'un procès en sorcellerie à Emsisheim datant de 1593, il est fait mention que la femme morte en couche revient chaque nuit pendant quatre semaines pour donner le sein à son bébé. Il est alors signalé la coutume de mettre des souliers dans le cercueil de la pauvre défunte. Une légende d'Ingersheim raconte que si l'on oublie de mettre des souliers aux pieds d'une femme morte en couche, dès la première nuit celle-ci revient à son domicile et frappe à la porte en disant « Pourquoi est-ce que vous ne m'avez pas mis de souliers ? Je dois marcher sur des chardons, sur des ronces et même sur des pierres pointues pour venir ! » Son mari devait alors mettre une paire de souliers devant la porte, que la pauvre défunte s'empressait de prendre.

C'est ainsi, raconte la légende, que pendant six semaines, l'esprit maternel revint pour allaiter son petit. Un proverbe alsacien en découle, qui dit : « Quand une femme meurt en couche, elle va directement au ciel avec ses souliers et ses bas. » À Nachgeburt, en Allemagne, la sage-femme, après l'accouchement, devait enterrer le placenta, cette « veste de Damas en soie que porte l'homme encore nu », à un endroit où ne pouvait parvenir ni les rayons du soleil, ni le clair de lune et loin du chat ou du chien, pour éviter tout malheur ! Il fallait surtout veiller à ce que le placenta soit enterré dans la zone de protection de la maison afin que les mauvais esprits ne puissent l'attaquer et par la suite nuire à la mère. Pour cela il y avait la cave, sous l'escalier ou, plus communément, le seuil de la maison.

Outre la lutte et la défense anti-démon la porte va jouer un rôle particulier lors des cérémonies de passage, notamment lors des demandes d'entrée dans la famille ; demandes qui se traduit souvent par des refus manifestes d'accueillir, des rapts ou des marquages particuliers.

C'est ainsi que tout proche de Paris, en Hurepoix, à Antony, quand une jeune fille venait de se fiancer, les jeunes gens allaient accrocher la nuit une branche de sapin ornée de faveurs à la porte de la nouvelle fiancée. Ce « mai » devait montrer que le cœur de la jeune fille habitant cette maison était pris. En Hongrie comme en Roumanie, en milieu rural, il est encore de coutume de planter devant la porte de la jeune fille courtisée, un « arbre de mai » décoré de rubans et de voiles à l'occasion du 1er mai. En Touraine le marié, avant le mariage, accompagné des jeunes gens de la noce allait chercher sa future femme chez son père. Il devait frapper trois coups à la porte restée fermée et chanter: « L'Maître donnez-moi vote fille… » . Bien évidemment il y avait simulacre de refus et parfois même une longue attente devant la porte. Puis elle s'ouvrait et la mariée apparaissait en jupe et corsage blancs devant son « futur ». Quand vient le jour du mariage, la symbolique de la porte va être réifiée.

À nouveau à Antony, quand le marié n'était pas du pays on barrait le chemin que suivait le cortège au sortir de l'église avec un ruban que l'un des mariés devait couper et on donnait la pièce aux jeunes gens qui l'avaient tendu. À Bullion, on mettait un balai en travers de la porte de la maison des nouveaux époux. La mariée en entrant chez elle devait ranger le balai à sa place et si elle ne le faisait pas cela était un signe qu'elle serait mauvaise ménagère. À La Celle-les-Bordes, une paire de pincettes, un balai et une pelle à charbon étaient déposés sur le seuil de la porte des mariés. La mariée devait en entrant tout mettre en ordre. À Cernay-la-Ville, au retour de l'église les nouveaux époux trouvaient devant leur porte en plus d'un balai et d'une pincette, un torchon sale et une pelle. Si la mariée devait ranger les objets, c'est au mari qu'il revenait de ranger la pelle. À Vert-le-Grand on mettait une chaise derrière la porte avec une serviette de table sale. Si la mariée s'assoit dessus elle sera, disait-on, une mauvaise ménagère.

À Ligneul en Thuringe, la mariée qui se rendait à l'église pour la bénédiction devait traditionnellement exécuter « le faux pas de la mariée ». Avant d'entrer dans l'église elle devait heurter exprès une pierre de la place et se dire mentalement « comme les autres... ». Lorsque c'était le mariage d'une enfant de Marie une délégation de jeunes filles recevait la future mariée à la porte de l'église et lui donnait de l'eau bénite. L'une de ses amies tenait la bannière et les quatre autres les rubans qui y étaient reliés. Tout le monde aura noté ce « savoir » quasi instinctif croit-on chez l'homme, de porter la nouvelle femme dans les bras lors de sa première entrée officielle et définitive dans le foyer domestique. De fait il s'agit de faire entrer clandestinement dans la demeure une étrangère ; clandestinement au regard du seuil qui lui voit tout, tous et toutes et à pour fonction essentielle et salutaire de défendre l'entrée. La femme qui ne l'a pas foulé pour entrer et n'a donc pas été repérée ne sera pas remarquée par le seuil à sa sortie, l'idée étant que si elle était déjà à l'intérieur c'est qu'il l'avait autorisé à rentrer…

Ce même jour, à ces barrières symboliques on ajouta des rites plus cruels pour qu'une « étrangère » passe la nouvelle frontière comme lors de la nuit de noce où le nouveau couple, dans beaucoup de régions en France et cela jusqu'à aujourd'hui, devait se cacher dans un lieu censé secret où les noceurs dévergondés viennent les débusquer et hurlent devant la porte : « Ouvrez vot'porte, ouvrez Madame la marié, j'avons la fricassée… » : « la bolée de rôtie », soupe de vin sucré agrémentée de biscuit. En cas de non-réponse, on enfonce la porte et, pour se venger, on fait chavirer le lit et ses occupants qu'on oblige à boire dans ce pot de chambre, souvent agrémenté d'un œil ou d'un décor et d'un contenu plus que douteux. À Savigny et à Vitry-sur-Seine, les noces duraient trois jours. Le dernier jour de la noce, le garçon d'honneur allait le matin dans le village sonner à la porte des invités pour réclamer des provisions (volailles, vin, etc.) afin d'assurer le dernier repas.

Les portes ont leur propre savoir et parlent aussi aisément qu'on les ouvre ou qu'on les ferme. C'est souvent à elles que revient la charge d'annoncer des présages, comme dans la région de Metz où on interprétait le fait que la porte d'un cimetière s'ouvre un vendredi comme l'annonce assurée qu'un décès suivra dans le courant des prochaines six semaines. En Alsace, il fallait éviter de laisser ouvertes les portes de l'église un vendredi ou un samedi, sinon on était assuré d'avoir un mort dans les semaines à venir. À Ittenheim, c'était les esprits des défunts qui pouvaient aussi agir sur les portes. On raconte l'histoire d'une femme malade et hospitalisée. On avait remarqué qu'une porte de sa maison ne fermait plus depuis des années or un jour on s'aperçut qu'elle fermait à nouveau. On apprit que ce même jour la femme était morte à l'hôpital. Dans le village on ne fut pas surpris : la fermeture subite de la porte correspondait à la venue de l'esprit de cette femme dans sa maison natale.

À Petersbach, on veille aujourd'hui encore à ce que le cercueil passe la porte par la tête et non comme il est coutume avec les pieds devant afin que l'âme puisse s'envoler de la maison. En Touraine, à la mort de quelqu'un on mettait à la porte des granges et des champs de la famille des rameaux de buis. Quand on emportait le cercueil et son mort on fermait les fenêtres et les portes et tous les orifices de la maison afin de conserver l'âme du mort et puis on se rendait au village. Là, on posait le cercueil sur une « pierre d'attente » devant les portes de l'église. Depuis longtemps les portes sont observées et respectées comme réceptacles des esprits.

C'est à Rome qu'est apparue cette idée que la porte était aussi une frontière entre le monde des vivants à l'intérieur et celui des morts à l'extérieur. C'était depuis la porte du défunt qu'était lancé le *conclamatio*, cri lugubre qui annonçait le décès d'un occupant de la maison. On dressait alors devant la porte des rameaux de cyprès ou de pin teint de rouge, on balayait le seuil, on conjurait l'âme des morts et on interdisait à toute personne de rentrer. On racontait aussi qu'il fallait manipuler la porte avec précaution notamment le samedi, jour où les âmes des défunts venaient se réfugier dans les gonds.

Pour revenir aux frontières nationales ou locales, elles ont physiquement glissées jusqu'à disparaître le plus souvent, au moins matériellement. Outre les décisions politiques nos technologies nouvelles et radicales comme celles des transports et de la communication, aéronefs et internet, en sont la cause. Si par exemple demain je vais en Amérique, c'est en franchissant la douane sur mon propre sol, au moment où je rentre dans un « couloir aérien », d'où je ne peux m'échapper, que je suis ailleurs - au point qu'il arrive le plus souvent que la décision de refouler quelqu'un se décide depuis le sol atteint et non depuis celui que l'on quitte ! Pour rester dans le concret afin d'étayer mes dires sur notre rapport contemporain aux frontières, dans notre monde majoritairement urbain on peut se poser la question de la réalité des passages dans nos espaces en transformation.

On peut se demander comment de façon intime, profonde, personnelle et paradigmatique, toujours par rapport au jeu des frontières, on « rentre en ville » ou qu'est ce entrer en ville aujourd'hui ? La première question qu'on peut se poser est : où sont passées les portes, les octrois, toutes ces barrières, frontières matérielles, administratives militaires, qui faisaient qu'on était assuré de passer du dehors au-dedans et inversement. Quels sont désormais les régulateurs et les repères qui contrôlent et indiquent autant les accès que les limites ; quels sont désormais les lieux ou les signes qui marquent les seuils ; qui dans nos espaces contemporains contrôle les entrées, quelles sont les entraves ou les incitations qui nous poussent à passer ? Toutes questions auxquelles on ne peut échapper dès lors qu'on se déplace dans l'espace et que l'on opère des passages...

Voilà pourquoi j'assure que nous n'avons pas encore complètement abandonné nos « savoirs de portes », même si les « savoirs de frontière » disparaissent à vue d'œil du fait d'expériences de plus en plus semblables et unifiantes.

Le passage de la parole au chant et du chant à la parole dans la tragédie grecque
Hécube d'Euripide :
la création musicale d'un vengeur maternel.

Florence Dupont

Chaque culture utilise différemment, l'oral, l'écrit, l'image, et les articule ensemble différemment aussi. Nous allons voir l'organisation spécifique de ces trois types d'énonciation dans l'ancienne tragédie grecque, en partant de deux questions simples. La première est « Que, comment voyait et écoutait le spectateur athénien ? » La seconde : "Quels étaient les effets du passage au cours de la performance du chanté au non chanté et inversement ? » Nous verrons à partir d'un exemple, *Hécube* d'Euripide, comment les jeux énonciatifs dans une tragédie grecque peuvent faire sortir un personnage des frontières de l'humanité.

Les composantes d'une performance tragique.

Pour réaliser une performance tragique, il fallait à Athènes un texte et une musique composés préalablement par un poète athénien, des acteurs portant un masque, un chœur rituel de jeunes citoyens athéniens, un musicien jouant de l'*aulos* (double flûte à anche), un public venant célébrer la fête religieuse des Grandes Dionysies d'Athènes. Le texte du poète tragique est oralisé – chanté ou non – par les acteurs et les choreutes. C'est le poète qui a fait répéter les chœurs, les acteurs jouent leur rôle (roi, reine, prince…), selon la tradition du rôle, sous le masque du rôle. Le texte est fait pour leur jeu et non l'inverse Il n'y a pas de mise en en scène du texte, les techniques de jeu préexistent au texte. L'oralisation du texte se fait par une alternance chanté/non chanté, repérable pour nous à partir de la métrique des vers ou des strophes. Cette alternance chanté / non chanté et les différents types de la musique donnent au texte performé sa signification. Autrement dit une tragédie réduite à son texte silencieux est inintelligible, une tragédie grecque est illisible.

Comme une tragédie n'est pas la représentation d'un récit, les personnages tragiques ne peuvent réduits à des personnages de récit ; ils ne représentent aucune figure extra-théâtrale, seul le spectacle tragique les rend possibles grâce aux chants et aux masques. Ils n'appartiennent qu'à l'espace théâtral et disparaissent à la fin du spectacle. Le mot qui désigne un personnage en grec est celui qui désigne le masque de l'acteur et le visage humain : *prosopon.* Ce masque anthropomorphe, ne montre pas un individu singulier, un caractère mais un rôle sans identité (roi, princesse, messager, serviteur…). Il est porté par un acteur qui dit ou chante les répliques qui sont attribués à ce masque. L'acteur peut porter successivement plusieurs masques au cours de la performance tragique, ce que nous appelons "jouer plusieurs rôles". Ce qui implique que l'acteur n'utilise ni son corps ni sa voix propres, pour créer le personnage. Donc il ne l'incarne pas.

L'acteur tragique a le corps dissimulé sous une grande robe. Le montage du masque avec la voix crée bien un personnage anthropomorphe mais non pas l'image, ou la représentation d'un personnage de récit, sur le modèle d'un être humain. L'identité du personnage est créée par sa voix et ses paroles, elle peut changer d'une séquence à l'autre. Le même masque, en effet, peut être associé à des voix hétérogènes. Le JE du masque tragique n'est pas un sujet unifié comme dans le récit d'un mythographe. C'est ainsi qu'Hécube dans la tragédie d'Euripide qui porte son nom, fait entendre successivement un chant de femme puis un chant d'homme, sa voix change de genre.

Les métamorphoses d'Hécube

La tragédie d'Euripide reprend une figure bien connue de la guerre de Troie, la vieille reine Hécube, épouse de Priam qui perd ses nombreux enfants au cours de la guerre puis lors de la prise de la ville.[18] La mort

[18] Dix-huit enfants, voir *Iliade* XXIV, 496.

de ses enfants est en Grèce ancienne le deuil le plus cruel pour un père ou une mère, car il inverse le cours normal des choses[19]. Hécube est accablée par un deuil trop grand que nulle mère au monde ne pourrait supporter.

Certains récits mythologiques racontent qu'à la mort des deux derniers, sa fille Polyxène, sacrifiée par les Achéens sur le tombeau d'Achille, et celle de son fils Polydore, assassiné par le roi Polymnestor à qui elle l'avait confié, Hécube devenue folle de douleur s'est métamorphosée en une chienne hurlante. Ou bien selon d'autres elle devient une roche suintante. Cette douloureuse excessive a pour seule issue dans le temps narratif, une sortie d'une humanité devenue intenable. Tout deuil humain a un temps qui doit finir par la mort ou la consolation. Le deuil d'Hécube devient éternel par la métamorphose : elle s'identifie éternellement à tous les hurlements de chiennes hurlantes, les larmes qui couleront éternellement du rocher seront les siennes :

« Hécube saisit une pierre qu'on lui jette, la mord en grondant et, voulant parler, elle aboie. Le lieu de cette métamorphose existe toujours : il en a pris son nom. Hécube, sous sa nouvelle forme, conserve le souvenir de ses anciens malheurs, et remplit les plaines sithoniennes de ses hurlements douloureux »[20].

Tel est le sens des métamorphoses chez Ovide : échapper au temps de la vie humaine qui est changement et récit, figer dans l'éternité ce qui devient le dernier épisode d'une histoire singulière arrêtée, dont le héros ou l'héroïne se dissout dans le monde. Les filles du Soleil, les Héliades, pleurent leur frère et deviennent des saules pleureurs, Philomèle devient un rossignol, Lycaon un loup, Daphné un laurier.

[19] Nicole Loraux, *les mères en deuil, Paris,* Le Seuil 1990

[20] Ovide, *Métamorphoses,* XIII, 567--571 : *at haec missum rauco cum murmure saxum /morsibus insequitur rictuque in uerba parato/latrauit, conata loqui: locus exstat et ex re/nomen habet, ueterumque diu memor illa malorum/tum quoque Sithonios ululauit maesta per agros.*

Les deux chants d'Hécube tragique

Au théâtre les personnages ne se métamorphosent pas, car ils ne sont pas prisonniers d'un corps humain ni de leur humanité singulière. Ils restent, même morts, dans le temps de l'action tragique[21]. Chez Euripide Hécube succombe à un excès de deuil mais au lieu de devenir une chienne ou un rocher, en arrêtant le temps et le récit, elle se transforme en vengeur; l'histoire continue avec une autre Hécube. La vengeance étant ici un comportement social réglé, réservé aux hommes, visant à retrouver l'honneur du clan, et non pas un déchaînement de sentiments violents et d'actes agressifs.

La transformation d'Hécube se voit mais surtout s'entend, lors de deux séquences parallèles chantées sur deux musiques différentes. Dans la première le chœur chante, dans la seconde il ne chante pas. Dans la première elle est une mère en deuil, dans la seconde elle est un vengeur féminin.

Pour comprendre l'effet de ces deux séquences contrastées, il faut les resituer dans l'économie sonore d'une tragédie grecque.

Une tragédie est composée d'épisodes (dialogues ou monologues) situés entre la *parodos* (entrée chantée du chœur) et l'*exodos* (sortie du chœur), séparés par les chœurs. Entre ces performances chorales, les épisodes présentent une alternance de passages non-chantés et chantés sur une musique d'*aulos*. Un personnage peut soudain se mettre à chanter, seul ou avec le chœur. Le chœur, placé entre le public et les acteurs quand il chante- il peut aussi parler avec un personnage-, suscite chez les spectateurs une empathie : ceux-ci adhèrent au sentiment du chœur, que ce soit la compassion, la colère ou la joie du triomphe. Qu'un personnage, ou plusieurs, chante avec le chœur est une séquence obligée et codifiée de la tragédie grecque, c'est le *kommos*. Le

[21] Pierre Katuszewski, *Ceci n'est pas un fantôme. Essai sur les personnages de fantômes dans les théâtres antique et contemporain*, Paris : Éditions Kimé, 2011.

terme *kommos* signifie « frappement de poitrine » et réfère aux gestes traditionnels du deuil des femmes. La musique d*'aulos* devient lors du *kommos* plus déchirante, plus aiguë (rythmes phrygiens) crée est un sentiment de deuil douloureux. La place de ce *kommos* diffère selon les tragédies et organise la dynamique de la pièce. En effet ce n'est pas seulement un moment musical particulier c'est aussi une action, un événement théâtral majeur qui échappe à toute narrativité. Le chœur quand il chante crée une empathie avec le personnage, donc lors du *kommos* le public est lui aussi plongé dans le deuil et le chagrin comme le chœur et comme le personnage.

La mort de Polyxène et le *kommos* d'*Hécube* : v. 59-215

La tragédie d'Euripide présente la mort de Polyxène, puis celle de Polydore, les deux derniers enfants d'Hécube. L'annonce de ces deux événements a lieu dans le camp des Grecs où les Troyennes sont gardées prisonnières. La porte du mur de scène est celle de la tente d'Agamemnon qui a Hécube pour captive. Hécube va être est affrontée successivement à l'annonce de la mort de sa dernière fille, puis à celle de son dernier fils.

Après le prologue dit par le fantôme de Polydore, Hécube sort de la tente d'Agamemnon en chantant une longue monodie douloureuse3. Elle a vu en rêve la mort de ses deux derniers enfants. Elle est déjà dans le deuil. La monodie d'Hécube « attire » le chœur – comme c'est fréquemment le cas dans les tragédies – qui entre (*parodos*) et va chanter avec elle le *kommos*[22]. Le *kommos* proprement dit commence avec l'arrivée du chœur qui chante une monodie et lui annonce que Polyxène va être sacrifiée. À cette monodie, succède le chant d'Hécube en strophe et antistrophe, d'abord seule puis avec Polyxène, sur la même musique gémissante.

[22] Sur la composition métrique d'*Hécube* voir l'édition par Christopher Collard, Oxford, 1991.

Ces chants ont un effet performatif, ils installent le deuil dans le théâtre. Les verbes performatifs prononcés par les chanteurs donnent la valeur du chant comme « je pleure en chant des thrènes déchirants »[23]. La monodie composée par le poète est empruntée au deuil rituel, car le thrène désigne un chant funèbre traditionnel et le verbe « klaiô » signifie à la fois un type de voix sanglotant et la posture culturelle du deuil.

Ce n'est pas un récit de deuil mais une présence réelle de ce deuil. Hécube est ici une mère en deuil, même si elle chante le deuil de sa fille avant même sa mort. Ce déplacement fait de ce chant une fiction[24]. Le chant douloureux s'appuie régulièrement sur des icônes sonores de la douleur, des onomatopées comme ivw, oivjvmoi. Ces icones sonores qui appartiennent à la fois à la langue verbale et à langue musicale sont elles aussi performatives. La valeur douloureuse du deuil qui est ressentie à partir de la musique est en même temps signifiée par le sens de l'onomatopée.

Le public a pleuré avec le chœur et Hécube, puis Polyxène sur la mort proche de la jeune fille. Le *kommos* et la musique s'arrêtent avec l'arrivée d'Ulysse qui vient pour emmener Polyxène.

Ce début crée un suspense théâtral. Le *kommos* étant le sommet du pathétique dans une tragédie, que va-t-il se passer ensuite ? Comment le pathétique peut-il s'accroître avec la mort de Polydore ? Y aura-t-il un second *kommos* ? Hécube emblème du deuil absolu, a déjà chanté un *kommos* pour la mort à venir de Polyxène. Si l'on était dans un récit mythologique, l'étape suivante, la mort de Polydore, aurait pour réponse, le cri de la chienne et la métamorphose d'Hécube, mais la métamorphose n'appartient pas à la tragédie. La réponse va être musicale et dramatique.

---

[23] v 212 : κλαίω πανδύρτοις θρήνοις, repris au v. 214 par μετακλαίομαι.

[24] Fiction récurrente dans les tragédies, par exemple dans Antigone de Sophocle où l'héroïne chante son propre deuil avant de se rendre dans le cachot de pierre où elle doit être enfermée pour y mourir de faim.

La mort de Polydore et le chant du vengeur

Dans le troisième épisode (658-683), la servante apporte le corps de Polydore. Elle dialogue (parlé) avec le chœur. Le comportement attendu de la part d'Hécube serait qu'elle chante le deuil sur le corps de son fils.

Hécube croit d'abord en voyant le cadavre apporté dans l'orchestra, elle croît qu'il s'agit de Polyxène. Ce qui ajoute au suspense. Puis elle reconnaît le corps de Polydore Nouveau suspense, musical : va-t-elle pleurer Polydore en déclenchant un *kommos* comme précédemment? Elle chante bien, mais sur une autre musique. Et le chœur ne va pas la suivre, il n'y aura ni *kommos* ni empathie.

En voyant le corps de son fils, elle dit d'abord des paroles de reconnaissance mais sans chanter. Ces paroles sont nécessaires à l'information du public.

οἴμοι, βλέπω δὴ παῖδ' ἐμὸν τεθνηκότα,
Πολύδωρον, ὅν μοι Θρὴξ ἔσῳζ' οἴκοις ἀνήρ.
Oimoi Je vois mon fils mort, Polydore,
que j'avais confié à l'homme de Thrace pour qu'il le mette à l'abri chez lui.

Ces paroles sont précédées d'une icône sonore douloureuse, l'onomatopée *oimoi*. Elle annonce le passage au chant de deuil. Un troisième vers introduit à ce chant de deuil :
ἀπωλόμην δύστηνος, οὐκέτ' εἰμὶ δή.
Mon malheur m'a anéantie, je ne suis plus.

Comment comprendre ce vers ? S'agit-il d'une figure de rhétorique ?

D'une hypertrophie ? Souvenons-nous des récits de métamorphose, ce deuil ultime va au-delà de ce que peut supporter une mère. Donc effectivement la mère humaine qui pouvait encore pleurer Polyxène a

disparu. Un autre personnage est toujours là, car un acteur ne meurt pas avec son personnage, il peut rester sur scène et porter son masque. Hécube n'est plus une mère humaine en deuil, elle en a perdu la voix Le masque se met alors à chanter une monodie. C'est une autre voix. Une formule performative définit ce chant d'un nouveau genre. Hécube s'adresse au mort, comme cela se fait lors d'un de deuil
ὦ τέκνον τέκνον, *Ô mon fils! Mon fils!*

Elle commence par une nouvelle icône sonore, *aiai* : icône sonore de la colère vengeresse
αἰαῖ, κατάρχομαι γόων,
βακχεῖον ἐξ ἀλάστορος
ἀρτιμαθῆ νόμον.
Aiai, je commence des lamentations le chant furieux du vengeur dont je viens d'apprendre la musique.
La formule performative « je commence des cris/chants/paroles/de deuils » indique que la musique qui s'élève est bien celle d'un chant de deuil, mais ce n'est pas une plainte douloureuse ; le vers suivant confirme ce qu'ont reconnu les spectateurs, la musique a changé, et ce qu'ils entendent, est bien, dit-elle : « le chant furieux du vengeur dont je viens d'apprendre le mode musical (*nomos*) » (681-687).

Ce chant furieux de la vengeance est normalement la part des hommes, c'est celui d'Oreste dans les *Choéphores* d'Eschyle, tandis que le chant douloureux du deuil est celui des femmes. La vengeance qui est une affaire d'honneur ne concerne pas les femmes. Dans le dispositif rituel des chants de deuil (*goos)* les hommes et les femmes lancent d'abord ensemble un cri de douleur. Puis les hommes se séparent du groupe des femmes, et lancent le cri de la vengeance. Le *prosopon* d'Hécube entamant un chant de vengeance, sort du statut féminin par sa voix, comme beaucoup d'autres personnages tragiques, Médée par exemple suit un parcours similaire.

Le public et donc le chœur ne peuvent être en empathie avec ce « monstre ». Le chœur ne participe pas au chant d'Hécube, il reste dans le registre du parlé comme la servante. Cette intrusion du parlé dialoguant avec un chant, est techniquement appelée des « interruptions epîrrhématiques ». Il n'y a pas de *kommos,* pas d'empathie du choeur et du public. Le chœur et la servante sont dans une position « métathéâtrale ». Ils assistent au chant vengeur d'Hécube mais restent à distance, commentant son malheur. Hécube et le chœur ne dialoguent pas mais constituent deux mondes verbaux séparés, l'un musical, l'autre non[25].

La servante
ἔγνως γὰρ ἄτην παιδός, ὦ δύστηνε σύ
Tu connais donc le sort de ton fils, pauvre de toi.

Hécube
ἄπιστ᾽ ἄπιστα, καινὰ καινὰ δέρκομαι.
ἕτερα δ᾽ ἀφ᾽ ἑτέρων κακὰ κακῶν κυρεῖ:
οὐδέ ποτ᾽ ἀστένακτος ἀδάκρυτος ἁ-
μέρα μ᾽ ἐπισχήσει.
Incroyables, incroyables, inouïs, inouïs, je regarde
Les malheurs succèdent aux malheurs.
Pas un jour sans larmes, pas un jour sans plainte ne brillera pour moi.

Le chœur
δείν᾽, ὦ τάλαινα, δεινὰ πάσχομεν κακά.
C'est terrible, terrible ce qui nous arrive ! Pauvre femme.

Hécube
ὦ τέκνον τέκνον ταλαίνας ματρός,
τίνι μόρῳ θνῄσκεις,
τίνι πότμῳ κεῖσαι;
πρὸς τίνος ἀνθρώπων;
Mon enfant, mon enfant, Fils d'une malheureuse mère,
Quel destin te tue?
Quel sort te frappe ?

[25] Les vers chantés sont en italique.

Qui est ton assassin ?

Elle s'adresse à son fils mort, comme il sied dans les plaintes funèbres, et non pas à la servante qui cependant répond.

La servante
οὐκ οἶδ᾽ ἐπ᾽ ἀκταῖς νιν κυρῶ θαλασσίαις ...
Je ne sais pas ; je l'ai trouvé au bord de la mer.

Hécube
ἔκβλητον, ἢ πέσημα φοινίου δορός,
ἐν ψαμάθῳ λευρᾷ;
Etais-tu sur le sable rejeté par les flots ?
Ou abattu par une lance sanglante?

La servante
πόντου νιν ἐξήνεγκε πελάγιος κλύδων.
Les vagues de la mer l'avaient apporté

Hécube
ὤμοι, αἰαῖ, ἔμαθον ἔνυπνον ὀμμάτων
ἐμῶν ὄψιν: οὔ με παρέβα
φάσμα μελανόπτερον, τὰν ἐσεῖδον ἀμφὶ σέ,
ὦ τέκνον, οὐκέτ᾽ ὄντα Διὸς ἐν φάει.
Oimoi, aiai. J'ai compris mon songe nocturne ;
Le fantôme aux ailes noires ne m'a pas quittée :
Ô mon fils, l'image de toi que j'ai vue n'était plus dans la lumière de Zeus.

Le chœur
τίς γάρ νιν ἔκτειν᾽; οἶσθ᾽ ὀνειρόφρων φράσαι;
Qui l'a tué? Dans tes songes l'as-tu appris ?

Hécube
ἐμὸς ἐμὸς ξένος, Θρῄκιος ἱππότας,

ἵν᾽ ὁ γέρων πατὴρ ἔθετό νιν κρύψας.
C'est mon hôte, c'est mon hôte, c'est le cavalier thrace
A qui son vieux père l'avait remis pour qu'il le cache.

Le chœur
οἴμοι, τί λέξεις; χρυσὸν ὡς ἔχοι κτανών;
Oimoi! Que dis-tu? Il l'a égorgé pour son or?

Hécube
ἄρρητ᾽ ἀνωνόμαστα, θαυμάτων πέρα,
οὐχ ὅσι᾽ οὐδ᾽ ἀνεκτά. ποῦ δίκα ξένων;
ὦ κατάρατ᾽ ἀνδρῶν, ὡς διεμοιράσω
χρόα, σιδαρέῳ τεμὼν φασγάνῳ
μέλεα τοῦδε παιδὸς οὐδ᾽ ᾤκτισας.
Inouï, monstrueux, inimaginable! Impie, intolérable !
Où est la justice des hôtes ?
Le plus affreux des hommes, tu as déchiré le corps de cet enfant; ton couteau l'a égorgé, sans pitié

Le chœur
ὦ τλῆμον, ὥς σε πολυπονωτάτην βροτῶν
δαίμων ἔθηκεν ὅστις ἐστί σοι βαρύς.
ἀλλ᾽ εἰσορῶ γὰρ τοῦδε δεσπότου δέμας
Ἀγαμέμνονος, τοὐνθένδε σιγῶμεν, φίλαι.
Malheureuse, le dieu qui te poursuit a fait de toi la plus misérable des mortelles.
Mais je vois s'approcher notre maître, Agamemnon ; mes amies, faisons silence.

Puisque, le chœur a un rôle empathique, en communiquant par son chant au public des sentiments de deuil, pitié, admiration ou de terreur, quand il chante, son silence musical crée une distance avec le chant d'Hécube. Le chœur parle à Hécube comme un poète épique s'adresse à ses personnages dont il raconte l'histoire. Hécube chante seule sa haine.

Les crimes qu'elle va commettre seront ceux de ce nouveau personnage inouï de « vengeur féminin ». Hécube va réussir à attirer Polymestor et ses deux fils dans un guet-apens. Elle fait aveugler Polymestor et égorge de ses propres mains les deux enfants.

Polymestor aveugle lui prédit qu'elle deviendra une chienne (v.1265). Quand la tragédie sera terminée et qu'Hécube aura réintégré les récits épiques.

Hécube tragique sort par sa voix des frontières de l'humanité

Le changement de la musique et l'absence de *kommos,* transforment par des moyens sonores Hécube en vengeur, ce qui est humainement impossible. Les deux dispositifs sonores (*kommos* ou non *kommos*) avec le jeu parlé/chanté réalisent une action différente dont un simple récit est incapable. Je ne parle même pas de récit comme schéma abstrait, mais le récit comme pratique énonciative ne fait entendre que le JE du narrateur qui seul a une capacité performative.

Le récit ne peut que décrire les voix des protagonistes, il ne peut que raconter une métamorphose vocale inaudible en dehors de la scène. Hécube, elle, sort de l'humanité. Sous les yeux des spectateurs Comment imaginer ces deux musiques ? On sait grâce à de nombreuses comparaisons grecques – et latines - que le chant rituel du deuil grec est beau et déchirant comme le chant du rossignol ou du cygne mourant. C'est le chant de Philomèle. Le cri du vengeur est bien différent, c'est un hurlement de loup, à la limite de la musicalité, il agresse les oreilles de l'auditeur.

Que voit et entend le public athénien ? Un acteur masqué en reine entre dans l'espace de jeu - l'*orchestra* devant la skènè - et dit face au public « Je ».

Le masque ne donne pas à voir une personne, il n'identifie pas un caractère. C'est un embrayeur énonciatif, qui permet d'insérer dans un récit des paroles performatives et donc de réaliser une action sonore. Il n'y a pas d'illusion théâtrale mais une réalité de la musique, c'est- à-dire des sentiments. L'action dramatique se réalise par le jeu sonore, alternance chanté / non chanté et par les changements musicaux. Le rapport au public se fait par le chœur qui chante ou pas. En dernier point le texte est une sorte de livret, qui sans sonorisation est illisible. En revanche, sonorisé, il permet de sortir des limites de l'humanité.

Frontières et contact des langues, les cas de la traduction et de l'apprentissage d'une langue étrangère

Jarjoura Hardane

Cette intervention se propose d'apporter, à partir des deux domaines de la traduction et de l'apprentissage par des adultes d'une langue étrangère, trois éclairages sur la thématique de ce colloque. Le premier venant du vécu de la classe portera sur le rôle de l'image dans la compréhension du message linguistique entendu et dans la sollicitation de l'apprenant pour l'expression orale et écrite. Les deux autres porteront sur la gestion des frontières entre les deux langues en contact dans l'apprentissage d'une langue étrangère et dans l'acte de traduire.

1- Le rôle de l'image dans la compréhension et l'expression

Est-il besoin de rappeler, en guise de préliminaire, que dans la mouvance des méthodes communicatives er interactives d'apprentissage et d'enseignement des langues vivantes dont la méthode Structuro-Globale Audio-Visuelle[26] utilisée à l'Institut de Langues et de Traduction d'abord et actuellement à Faculté des Langues de l'Université Saint-Joseph de Beyrouth, l'espace de la classe ressemblerait à une scène de théâtre, l'enseignant y jouant le rôle de metteur en scène, les apprenants celui d'acteurs et les moyens utilisés étant un mélange de textes imprimés, d'images projetées et de bandes sonores véhiculant des dialogues, des poèmes et des chansons?

Est-il besoin de rappeler que dans l'exploitation pédagogique, le mime cohabite avec le rythme et l'intonation pour préparer le corps, le cœur et le cerveau de l'apprenant à l'accueil des sons, des mots, des phrases, des paragraphes et des textes ?

[26] Renard, Raymond, *la méthodologie SGAV d'enseignement des langues, une problématique d'apprentissage de la parole,* Mons, Didier, 1976.

Est-il besoin de rappeler tout particulièrement que dans l'apprentissage de la graphie arabe, le premier exercice n'est autre qu'une danse effectuée par les apprenants et rythmée par une musique composée à partir des formes des lettres de l'alphabet et aboutissant à un tableau vivant d'expression corporelle, musicale et scripturale ?

Dans cette approche à la fois rythmique, musicale, affective, psychique et mentale de l'opération pédagogique d'apprendre et d'enseigner, l'image occupe une place privilégiée et joue un triple rôle incontournable pour le succès de l'opération.

Elle sert d'abord à la *mise en ambiance situationnelle* susceptible d'enclencher le processus de la perception et de la compréhension, en plaçant le contenu de la bande sonore dans un contexte précis et dans une situation de communication spécifique, tous les deux susceptibles de lever les ambiguïtés, de placer l'apprenant d'emblée dans la compréhension globale et de l'acheminer par approximations successives de la compréhension globale vers l'assimilation et la structuration des éléments isolés.

Elle sert ensuite de *facilitateur de la compréhension* de l'énoncé entendu en assurant l'illustration du concept ou du fragment de communication par un simple dessin évoquant l'équivalence visuelle des significations véhiculées par les mots ou énoncés entendus.

Elle sert enfin de *déclencheur pour une expression orale ou écrite*, personnalisée et ouverte à l'inattendu, invitant ainsi l'apprenant à une double créativité, celle d'imaginer plusieurs situations et celle de varier l'emploi de l'acquis en fonction des différentes situations imaginées.

Et pourquoi toute cette mise en scène mêlant les multiples longueurs d'ondes orales et auditives à une série de mouvements corporels et d'opérations mentales ? L'objectif en est tout simplement d'aider l'apprenant à traverser le plus rapidement possible et avec le moins de dégâts les frontières entre la langue qu'il maîtrise et la langue étrangère qu'il a choisi d'apprendre.

2- L'apprentissage d'une langue étrangère : une gestion des frontières entre les deux langues en contact

En effet, et là commence notre deuxième éclairage, l'apprentissage d'une langue étrangère ne serait en réalité qu'un véritable passage de frontières réussi effectué en trois étapes :

Dans la première étape, l'apprenant est littéralement bloqué à la frontière des deux langues, à l'entrée du territoire de la langue étrangère. Tout lui échappe, lui semble opaque, impénétrable. Il ne perçoit rien, parce qu'il perçoit tout en fonction des schèmes de la langue maternelle. Si toutes ses compétences ne sont pas activées, il risque de renoncer à son projet et d'abandonner, mais les cas d'abandon à cette étape précoce sont plutôt rares. Et le pas de franchir les frontières vers la langue étrangère ne tarde pas à être fait.

Et le voilà, à une deuxième étape, déjà à l'intérieur du territoire de la langue étrangère, ou plutôt, dirions-nous, dans une *zone franche intermédiaire.* En effet grâce à l'engagement de toutes ses ressources corporelles, émotives et mentales, à une certaine compréhension globale facilitée par l'audition synchronisée avec la projection de l'image et des ébauches d'expression facilitées par le mime, le jeu de rôle et l'improvisation, il ne se sent plus entièrement étranger, mais il ne se sent pas encore chez lui. En effet il continue à percevoir, et surtout à prononcer les sons de la langue étrangère en fonction du crible phonologique de sa langue maternelle ; le francophone apprenant l'arabe continue à avoir de la difficulté à percevoir et à prononcer les consonnes postérieures : (maYaba) au lieu de (marhaba), (kayfa laal) (au lieu de (kayfa lhal), et à l'inverse l'arabophone apprenant le français ne réussit pas encore à sortir correctement les voyelles ; voiture est déviée vers (voitir), brillant vers brillanne et cœur vers (kor).

Et le voilà enfin, à une troisième et ultime étape, en plein territoire de la langue étrangère ayant un comportement langagier et communicationnel se rapprochant de celui des natifs. Mais son comportement dans la langue acquise ne porte-t-il pas pour autant les traces de la langue maternelle constituant ainsi une nouvelle frontière entre lui et les natifs ? Et nous sommes alors en droit de nous demander, face aux tracés des frontières qui nous entourent : vivons-nous continuellement sur une continuelle ligne de démarcation ?

L'analyse que nous proposons de faire de l'acte de traduire, et qui constituera notre troisième et dernier éclairage, nous permettra peut-être d'apporter une réponse originale à la question posée.

3- L'acte de traduire : une *épreuve* de frontières et de ligne de démarcation débouchant sur une transformation créatrice

Contrairement à l'apprenant adulte d'une langue étrangère qui porte toujours dans l'utilisation de la nouvelle langue des traces évidentes de sa première langue, le traducteur, lui, est supposé avoir atteint à un âge précoce ou tardif un bilinguisme, voire un trilinguisme équilibré : avec les locuteurs de la première, de la deuxième ou de la troisième langue, il se sent des leurs, il est chez lui, il navigue de l'une à l'autre, sans problème, selon le changement des interlocuteurs.

Mais dès qu'il passe à l'acte de traduire, il est intérieurement et au fond de lui-même plongé dans une zone de frontières et propulsé sur une véritable ligne de démarcation. En effet en lui s'agitent deux systèmes linguistiques entre lesquels il est appelé à naviguer. Et en face de lui se trouve le document à traduire pour lequel il est tiraillé entre l'auteur soucieux de la fidélité à sa production et l'éventuel lecteur désireux de lire une traduction donnant l'impression d'avoir été écrite à l'origine dans sa propre langue : en un mot, sur cette ligne de démarcation interne, il se sent instable et vit une véritable épreuve mobilisant toute son énergie et toutes ses forces. Les neurosciences n'ont-elles pas relevé la spécificité de l'acte de traduire et surtout d'interpréter qui pourrait être considéré comme l'activité cérébrale la plus complexe mobilisant toutes les aires du cerveau en vue de décoder le message véhiculé par la langue source et de l'encoder de nouveau, en vue de le rendre dans la langue cible ?

Cette épreuve vécue par le traducteur se plaçant sur la ligne de démarcation entre la langue source et la langue cible, en vue de satisfaire à la fois l'auteur et le lecteur a été relevée par la plupart des auteurs qui se sont intéressés à l'acte de traduire. Antoine Berman y voit une *épreuve de l'étranger*[27] ; Paul Ricœur y voit un *travail* au sens freudien aboutissant soit à un *travail de souvenir,* effectué avec succès, soit à un *travail de deuil,* laissant des pertes en cours de route[28]

Elle est surtout vécue par tous les traducteurs en pleine action : ils en ressentent le tiraillement, le bouillonnement interne comparable à l'irruption d'une action volcanique qui gronde ; ils doivent faire des choix, ils doivent ajuster, fignoler avant d'accoucher d'un texte différent du texte source et certainement différent de ce qu'aurait été un texte similaire écrit spontanément dans la langue source, n'étant pas passé par la griffe du traducteur. On est en présence d'une espèce de troisième texte, écrit dans une troisième langue, celle du traducteur, située dans une zone nouvelle à la frontière de la langue source et de la langue cible. Ainsi la traduction serait-elle une opération de transformation, de métamorphose débouchant sur un nouveau territoire ? N'est-ce pas cet aspect transformationnel de l'acte de traduire qui a retenu l'attention de Michel Serres et qui l'a poussé à conseiller de faire passer toutes les productions scientifiques par le crible de la traduction « D'où l'intérêt d'examiner l'opération de traduire. Non pas de la définir dans l'abstrait, mais de la faire fonctionner au plus large et dans les champs les plus divers. A l'intérieur du savoir canonique et de son histoire, le long des rapports de l'encyclopédie et des philosophies,

---

[27] Berman, Antoine, *L'épreuve de l'étranger,* Paris, Gallimard, 1995.

[28] Ricœur, Paul, *Sur la traduction,* Paris, Bayard, 2004.

du côté des beaux-arts et des textes qui disent le travail exploité. Il ne s'agit pas d'explication mais d'application »[29]

Pour conclure, je retiendrai de ces trois éclairages l'idée de *l'épreuve* qu'on ressent, qu'on assume et qu'on vit lorsqu'on se trouve sur une ligne de démarcation séparant des territoires différents, et l'idée de *transformation,* résultante de l'épreuve et génératrice d'un nouveau territoire propice à la créativité et à l'innovation.

Mesdames, Messieurs, permettez-moi de terminer mon propos par un aveu personnel : ce n'est pas sans émotion que je fais cette intervention sur les frontières des territoires linguistiques, sur les lignes de démarcation culturelle, sur l'épreuve, sur la transformation et la créativité dans l'acte de traduire et dans l'opération d'apprentissage d'une langue étrangère, dans l'enceinte d'un campus situé sur l'ancienne ligne de démarcation séparant deux espaces beyrouthins qu'on croyait séparés à jamais mais desquels a heureusement surgi un nouvel espace susceptible d'accueillir le nouveau Liban auquel nous continuons à aspirer.

---

[29] Serres, Michel, *Hermès III la traduction,* Paris, les Éditions de Minuit, 1974, p.11.

Perver-cité et maux-ralité de l'iconographie kaléidoscopique beyrouthine.

Gaby Maamary

À l'aube du XXIème siècle, Le professeur sénégalais Abdoulaye Bathily, secrétaire général de la Ligue démocratique affirma : "Aujourd'hui, le temps de la réflexion est venu sur la nature humaine et sur ce qu'elle est capable de faire de bien, mais aussi de pire".

La nature ou condition humaine, est un état absolu de conflit entre le bien et le mal. Capable de soulager ou d'affliger, elle dispose de voies communicantes diversifiées de par leur forme et leur fond, que je dénomme l'Audio-Visuel. Ces voies, exercent un pouvoir direct sur autrui qui est l'écouteur, l'observateur et le récepteur du message. L'audio-visuel devient un moyen fort, despotique, dont l'objectif est de surpasser l'état de l'attention à l'état de domination de l'esprit. La radio, la télévision le cinéma et les affiches publicitaires, en particulier celles de la rue, constituent le réseau medium, disponible au déploiement d'images (de toutes sortes) et à la transmission (à tout moment), de n'importe quel message.

Ma première intervention sur l'image fut en 2007 à la faculté des lettres de l'USEK intitulée : « La publicité de la Rue : enjeux et impacts de l'Érotique, l'Éthique et de la Mort". À l'époque, je m'interrogeai sur la nature de l'image publicitaire. À plus forte raison, je me demande aujourd'hui s'il était bien temps (ou sera-t-il capable ?) de rectifier les intentions de ceux qui s'exhibent toujours dans la rue et sur les chaînes audio-visuelles. Depuis rien n'a changé. Pire, le faite de balayer quelques panneaux publicitaires de la scène urbaine, sous prétexte de contrôle et d'organisation, mène à une meilleure lecture de la décadence.

Qu'est que nous avons fait de notre Beyrouth ? ! Cette ville qui ne sait plus où elle est, perdue dans le brouillard des nimbus culturels emportée par le vent des civilisations et cultures d'outre-mer. Beyrouth fut décharnée par des tactiques politiques mesquines et des impuissants boiteux nommés au pouvoir, déchiquetée entre les confessions et le zones de sécurité, arrachée par les corrompus, vermoulue par les boîtes de toute sorte au nom du tourisme et rongée par des termites ambulantes.

Au nom de la modernité, Beyrouth est ensevelie sous le béton et le high-tech. Le reste de son ancien héritage est en péril, confiné sous des structures propulsées en érection qui ne valent plus un sou aux yeux des investisseurs, il implore la grâce divine. Beyrouth se reconnaît-elle encore ?!

Sous les draps de ses publicités, elle se prosterne comme une vieille travestie lourdement fardée devant son miroir poussiéreux. Et les voilà les vulgaires, les exploiteurs des valeurs humaines, les opportunistes qui s'approprient l'art publicitaire. Ils viennent se nourrir sur sa carcasse. Au nom de la liberté, de l'imagination et de la création tout en qualifiant la banalité de leurs déficits visuels, verbaux et sonores les esprits stériles continuent à produire des iconographies invalides et tordues. Des iconographies nuisibles au pittoresque de la ville qui résume en soi l'histoire d'un pays. Et le vandalisme continue.

Hélas! Beyrouth est une perver-cité souffrante des conséquences de ses maux-ralité.

Beyrouth est profanée. La transformation et la mutation furent très rapides à faire disparaître le cachet sacré de notre ville qui n'est plus la nôtre. Et nous nous demandons pourquoi ? Pourquoi ce langage souillé trouve-t-il sa place à Beyrouth ? Pourquoi ce vocabulaire contaminé devient-il un lexique naturel du quotidien ? Certes la lecture de l'image actuelle de Beyrouth en fonction de son iconographie dégénérée affichée dans ses rues et projetée à travers ses mediums de communication commerciaux est strictement une lecture psycho socioculturelle.

"Hi, Kifak, Ça Va", un amalgame de mots canonisé, aujourd'hui emblématique, est devenu le logo de Beyrouth par excellence. Cette phrase du quotidien illustre l'image éparpillée sur toutes les formes de supports : affichage mural, transports, abribus, parkings de supermarchés, malls (centres commerciaux), dans les zones urbaines et rurales et sur les chaînes télévisées. Un croisement de cultures qui ne dit rien d'autre : « nous avons perdu notre identité ». Ne sachant plus qui nous sommes, d'où nous venons et où nous allons, nous nous sommes égarés.

Disloquée, démembrée, corrompue, Beyrouth qui a voulu à tout prix retrouver sa place d'origine, métropole culturelle de la région, est tombé dans la production d'une iconographie appauvrie, détériorée et pervertie. Cette iconographie publicitaire et mercantile, objet de notre étude, voulait bien satisfaire son désir et son plaisir d'être puissante. Pleine de vigueur, ivre de gloire, la publicité de rue et de la télé bouleverse les théories, déconstruit les normes et prêche le désordre. Elle jette ses enfants dans la rue à vendre n'importe quoi, n'importe où, à n'importe qui, jour et nuit, sous un soleil de plomb ou sous une ou pluie torrentielle. Peu importe, ses enfants vendent dans les palais comme aux coins sombres des ruelles populaires. Le parfum de son corps devient l'opium des regards et des naïfs esprits collectifs. En l'absence de guide institutionnel elle s'exhibe dénudée de toute éthique, subordonnant la masse de la populace à ses fantasmes érotiques et pornographiques, faisant ainsi revivre le culte des morts. Elle tourne le dos à la beauté et se prive de la laideur.

Elle puise, par ailleurs, dans la technique de l'expression et de la communication son champ lexical, ses niveaux de langue familière ou officielle. Elle use de la dénotation et de la connotation possible dans tout domaine, poussant ainsi sa fonction émotive, conative, phatique, poétique et référentielle jusqu'à l'extrême limite à briser quand même les frontières sous l'épitaphe de la liberté de l'expression.
Aujourd'hui, comme hier, toujours vieille, la publicité qui s'accroche sur tout genre de support et glisse à travers les mediums audio-visuels

est inlassablement stérile, répétitive, insignifiante, voire déchue. Elle rampe sur les paupières et suce le reste de la pudeur. Son message archaïque et délaissé n'est qu'une masturbation en public qui n'est pas du tout intellectuelle, son image se ride en peau de crocodile, et survit comme un moule de plâtre sur des injections continues de silicones et de botox pour se satisfaire devant la masse, son miroir de boudoir, une Cantatrice chauve en attendant Godot sur les ports et dans les vitrines d'Amsterdam.

L'Érotique

Il est surprenant de découvrir ce genre de panneaux et publicités sur lesquels l'œil capte souvent des images explicitement osées, dans un pays qui bannit l'œuvre intitulée *Hadikat al hawas* de Abdo Wazen, jugée érotique, idem pour le *Da Vinci Code,* jugé immoral et contre l'Église. L'église même où dans ses galeries et ses nefs principales on tourne les publicités de XXL et de la collection Lion de bijoux. De surcroît, certaines projections cinématographiques sont exclusivement interdites aux jeunes d'au moins de dix-huit ans. Passons aux censures des chaînes paraboliques considérées comme érotiques, au marquage défigurant au feutre noir les parties intimes féminines dans les revues et enveloppes des magazines dans les librairies. Face à ce paradoxe, il est encore surprenant qu'on ne manifeste point d'objection ou de refus à l'encontre de certaines images publicitaires. Citons à titre d'exemple l'exposition des corps de femmes en lingerie aux regards et fantasmes de la masse de 7 à 77 ans.

À l'égard de ce constat, je me suis demandé dans ma conférence de 2007 pourquoi il n'y a pas de places commerciales pour ce genre de publicités sur les chaînes télévisées libanaises. Peut-être on y trouve d'autres formes d'érotisme plus vivantes et d'autres sources de jouissance. Le temps coulait vite et les circonstances sitôt favorables ou des publicités réclament leur droit de diffusion.
Une des campagnes publicitaires d'il y a quelques années présentée sur deux temps (un temps incitant le spectateur à deviner le sujet de la

publicité, et un temps de révélation), nous laisse perplexes. Nous découvrons que le pénis du lapin caché sous une serviette n'en est pas un, comme ils nous l'ont suggéré au début, mais plutôt une boisson énergétique! Depuis, tout a évolué.

Dans ce contexte je cite les TVC de la boisson énergisante XXL. Aux messages érotiques directs avec la femme sexy, typique des maisons-closes chics. Ces deux pubs se diffusent sans objections. Sur-ce, on décide de pousser le défi avec un story-board le plus aventureux que possible, où le concepteur tourne le regard vers un asile de vieillards et l'infirmière aux intentions diaboliques.

« 3emelta hown », est une publicité diffusée à la radio et à la tv et affichée dans les rues. En français "je l'ai fait ici", « 3emelta hown » jongle entre la réel et le suggéré. Quel est ce maestro virtuose et créatif concepteur d'une telle campagne publicitaire pour la loterie libanaise.

Nous ne pourrons que flatter cette imagination fantasmagorique infernale.

Sur ce, ni l'art ni l'imagination n'auront un jour de frontières. Devrons-nous en vouloir à Marcel Duchamp de ne pas faire de l'art, mais plutôt de laisser tomber la créativité. L'auteur français Pascal écrit dans ses "pensées" *l'imagination c'est cette partie décevante dans l'homme, cette maîtresse d'erreur et de fausseté...* "

Tant que pour le corporel, les formes se multiplient indéfiniment. Des gestes corporels significatifs dans le sens suggestif mettent en doute la confiance immédiate de notre perception des éléments réels naturels de notre propre entourage. Ils incitent l'intelligible à remplacer le tangible familier, et vibrent la projection dynamique de l'affectif. De ce fait, l'image n'est plus prise dans son cadre phénoménal accordé à son contexte de medium de produit commercial. Elle dépasse ses conditions d'imiter l'absence de l'objet désiré, à s'afficher dans une concrétisation mentale virtuelle tridimensionnelles de l'ensemble. Une publicité de lingerie n'est pas une publicité de sous-vêtements mais plutôt une image de femme en lingerie, image de femme nue sous les regards, non pas d'un potentiel acheteur, mais d'un être humain sensible par nature. Ainsi on affiche la publicité d'un lave-linge à côté du gros plan d'une femme aux jambes écartées ôtant sa culotte, pour promouvoir l'ustensile doté d'un programme de lavage de lingerie. Un autre génie conceptuel.

Quelle vanité de juger la publicité de rue comme étant une forme de culture totalitaire qui s'impose à l'être humain en lui dérobant son droit de choisir le temps, le lieu.

Misérables sont les femmes qui sont toujours obligées d'être étendues, soit en pose d'attente de quelqu'un, soit de fatigue, les jambes en l'air, loin des intentions des promoteurs, des créateurs et des photographes, mais parce que la formes des ponts et des larges édifices étirées l'exigent ainsi. Ô, si La Bruyère était présent aujourd'hui, il nous seconderait un peu.

L'Éthique

Il m'est approprié dans cette partie de mon intervention, de trouver la porte adéquate par laquelle je peux introduire le problème de l'éthique sans avoir besoin de développer toute une théorie morale. Je veux simplement signaler ce qui est évident, flagrant et sûrement inacceptable à travers des modèles types de publicité et de publicité contraire ; surtout que la question d'éthique dans la publicité se développe dans tous les sens. Je cite des pubs à double tranchant: la propagande contre la drogue ou on voit l'abécédaire de l'utilisation de l'héroïne et la pub « shou wkfet alieh », « شو وقفت علي », derrière laquelle on cachait nos imputations. Ce genre de pub se manifeste à travers des images et des accroches qui, sous prétexte de lancer un produit compétitif et de le commercialiser, font allusion, intentionnellement ou pas, à la personne ou l'établissement compétiteur (Home line et Khoury home). De même elle risque de propager de fausses informations, de faire usage des malheurs de l'humanité au profit et gains commerciaux qui, de mon propre point de vue, sont le pire des illustrations publicitaires jamais conçues (papier toilette - guerre libanaise). Les exemples ne nous manquent pas. Je fais appel, dans ce cadre, à un proverbe chinois : on lui montre la lune, l'imbécile regarde le doigt.

Le musée est un indice de civilisation. Les pays développés s'intéressent à fonder de tels espaces pour rendre hommage à l'image de tout genre. Dans ces lieux l'image vit et vibre sous les regards de ses admirateurs. Les rues restent *clean* et la publicité de la rue fait signe de révérence aux passants.

Sur l'autre rive, l'image de la rue somnole sur les trottoirs.

Le cinéma comme passeur

Élie Yazbek

Parler des frontières dans un pays comme le Liban et dans un environnement moyen-oriental peut sembler complètement absurde. Nous vivons dans l'ère des frontières closes, des portes fermées, des bornes ceinturées. Il est quasi-impossible de circuler, de dépasser les territoires. Durant de longues années, durant la guerre, nous sommes restés confinés dans des espaces clos, sans pouvoir sortir d'une logique militariste qui réduisait des quartiers à un espace de vie suffisant et autonome.

Lorsque, en 1990, nous avons découvert les rues adjacentes à ces quartiers, celles où l'on ne pouvait cheminer sans risquer de se faire tuer (nous disait-on !), l'espace s'est multiplié sans pour autant se diversifier. Car le même paysage se répétait. Non pas le modèle urbain, mais le paysage qui se conjuguait avec le confessionnalisme, avec la peur, avec le doute, avec l'appréhension, avec les limites.

Et ce jour-là, nous avons compris que rien n'était résolu. Les frontières étaient toujours aussi hermétiques, malgré l'impression d'ouverture et d'étalement que l'après-guerre préfigurait. L'illusion était totale, comme l'est celle des images en mouvement, ces images qui nous font croire que nous nous plaçons au cœur de l'action lorsque nous regardons un film et que nous oublions notre réalité quotidienne.

C'est alors que j'ai su ce que le cinéma est. Certains disent que c'est une machine à rêve, d'autres que c'est une invention magique. Au fait, le cinéma est avant tout un passeur, celui qui permet le dépassement des frontières. Il permet de passer les frontières physiques, les frontières mentales, les frontières esthétiques. Sans rames, sans voiles, sans ailes, sans moteurs, le cinéma crée cet espace vide et poreux qui peut contenir tout ce que les frontières rejettent.

Il ne s'agit pas ici d'écrire des mots pompeux. Certains films l'attestent, ne serait-ce que par leur existence et leur longévité : *Vers l'inconnu* (1957) de Georges Nasr, *Beyrouth la rencontre* (1981) de Bourhane Alaouié et *Petites guerres* (1982) de Maroun Baghdadi n'en sont que quelques exemples. Ces trois films différents par leurs genres, par leurs configurations, par leurs histoires, par leurs époques, parlent de ce libanais qui tente de vivre dans un environnement qui ne lui assure pas tout repos.

Dans *Vers l'inconnu*, il s'agit d'un villageois qui ne rêve que d'émigrer au loin, sans aucune idée de ce que lui réserve cette terre lointaine où il espère vivre mieux que dans son village natal. Il veut aller vers l'inconnu car sa terre lui est hostile, close, malgré les beaux paysages campagnards. Les espaces ouverts ne suffisent pas à compenser les manques que ressent le personnage sans vraiment savoir les exprimer ouvertement. L'état de ce personnage résume celui d'une grande partie de Libanais qui, depuis le début du XXème siècle, ne rêvent que d'émigrer, qu'ils soient paysans, citadins, pauvres ou riches. Ce n'est pas un hasard si la plupart des grands artistes libanais, écrivains, poètes, peintres, cinéaste sont souvent des émigrés, comme par exemple la plupart des grands auteurs de la Nahda comme Gibran, Naïmé, Rihani... « Les Libanais sont partout, sauf au Liban », disent certains sous forme de boutade pour exprimer cette réalité. Le film fait le constat de ce désir de quitter, pour le simple but de quitter, sans destination précise.

Beyrouth la rencontre raconte l'histoire d'une rencontre impossible entre deux jeunes amoureux durant la guerre, alors que Beyrouth les sépare. La frontière est très claire, c'est la ligne de démarcation qui coupe la ville en deux, c'est le confessionnalisme, c'est la guerre : la jeune fille chrétienne, avant son départ définitif pour l'étranger, souhaite retrouver une dernière fois le musulman qu'elle aime. Tout s'y oppose, les espaces ne communiquent pas, les territoires n'ont plus de jonctions. Beyrouth ne peut plus contenir les deux personnages, il n'y a plus assez de place. Une cassette vidéo et le téléphone (quand il fonctionne) seront les seuls moyens pour briser leur isolement. La rencontre est illusoire, le territoire est morcelé. L'œuvre cinématographique seule, métaphoriquement, semble permettre une rencontre : le titre du film en est la preuve, c'est le seul lien physique entre les deux personnages que la guerre isole, chacun dans sa parcelle de Beyrouth. Là aussi, comme dans le film de Nasr, l'émigration est souhaitée et apparaît comme la seule alternative à cette fracture. Elle est ce qui unit virtuellement le Liban. Il serait donc plus aisé de quitter le territoire natal, que de rester confiné dans un environnement fragmenté et réduit à une portion minime.

Petites guerres montre le début de la guerre au Liban et la division de Beyrouth. Les enlèvements et tueries se succèdent, brisant la vie d'un groupe de jeunes qui sont entrainés malgré eux dans le maelstrom de la violence, se transformant progressivement en tueurs et en miliciens. Les petites guerres isolent les quartiers, les barrages deviennent des remparts contre la circulation des uns et des autres. La question du « départ » revient à plusieurs reprises, notamment par rapport au personnage principal féminin dont les parents émigrent au début du film : « pourquoi tu ne quittes pas ? », « pourquoi tu ne retrouves pas tes parents », telles sont les questions que ses amis lui posent sans cesse, comme si c'était le seul choix face à la partition de la ville et à la violence croissante.

Les frontières de l'intérieur libanais empêchent le citoyen de vivre sereinement. L'émigration, voire l'exil, hantent ce citoyen qui n'arrive plus à trouver sa place dans son propre pays. Le cinéma est plus qu'un témoin, il est l'un des éléments constitutifs de cet imaginaire libanais qui voit dans l'étranger un exutoire salutaire. Les trois films mettent en évidence cet imaginaire en créant un lien de causalité entre la problématique de l'exil et la nature du libanais : celui-ci veut à tout prix émigrer, en temps de paix comme en temps de guerre. L'inconnu est la tentation suprême, le remède aux frontières. Le vide que crée le cinéma ressemble à cet inconnu, il s'y accole. De même que le train et la roue ont souvent été associes à l'image en mouvement, le cinéma libanais s'associe au vide de l'espace de la nation pour rejeter les frontières et les limites territoriales et permettre le passage vers un nouveau monde. L'exil devient alors un thème de prédilection, celui d'un grand nombre de films dans la courte histoire du Liban.

Le Monde est tel qu'il est,

Mais Nous, où sommes-nous ?

Sylvie Dallet

Je souhaite poser avec vous une question qui peine à se formuler : **où sommes-nous ?**

En 2010, un film libanais, suggérait par l'inversion radicale des coutumes religieuses une parabole sur le vivre ensemble, imaginé par les femmes d'un village en guerre. Le film de Nadine Labaki se clôturait sur cette phrase, prononcée dans un cimetière de montagne par les hommes : « Et maintenant, où on va ? » Les scènes avaient été tournées sous les yeux effarés de miliciens proches du Hezbollah, dans la Bekaa et dans la montagne chrétienne, au nord de Beyrouth.

Avant d'aller, il me semble qu'il faut être et surtout « être là ». Je vais tenter d'expliquer ce que je ressens après vous avoir écouté. Ce « là et maintenant » de notre écoute mutuelle repose sur des intuitions et des investigations multiples, dont vous voudrez bien me pardonner les raccourcis. Nos traductions révèlent des carrefours vulnérables, enfouis dans la forêt des signes culturels qui nous enserrent.

Il me semble en effet, que l'époque contemporaine retrouve la peur des origines après avoir franchi des frontières comme autant de défis. Si la peur qui rôde correspond à une heuristique sociale que certains idéologues se plaisent à attiser, à ses côtés se déploie la créativité du voyage fondateur. L'arche de Noé demeure dans nos imaginaires cette barque mythique qui permit le sauvetage de quelques couples reproducteurs, bravant la frontière liquide pour aller vers un nouveau monde. L'homme à la colombe est resté dans nos mémoires. Voici vingt ans, rares étaient les enfants prénommés Noé ou Noémie. Aujourd'hui, beaucoup de Français, laïcs ou religieux, osent symboliquement donner à leurs fils le nom de celui qui survécut au Déluge.

Le cinéma de fiction a, depuis plusieurs années, entrepris de repenser par l'humour la matrice du danger surmonté. Je citerai deux œuvres très différentes, dont l'écriture comique va sans doute vous étonner : le film d'animation *l'Age de glace 3, le temps des dinosaures* du brésilien Carlos Saldanha (2009) corrobore le récit subtilement subversif du libanais *Et maintenant on va où ?*

Après la figuration par Saldanha d'une famille de mammifères éclopés en lutte contre les sauriens géants du passé, le « film-hirondelle » de Nadine Labaki, enceinte lors du tournage, posait à l'avenir des questions analogues. Les couples homogènes soumis au héros salvateur de l'Ancien Testament s'effaçaient au profit d'individus singuliers, aux trajectoires préservées par leur conscience, leur amitié et leur créativité. Ce concentré d'humanité animalière était représenté à l'écran par un mégacéros vieillissant, un couple de mammouths, un paresseux naïf, deux mouffettes puantes et une belette borgne calquée le personnage capitaine Achab de *Moby Dick* (Melville, 1851). A l'inverse, comme insoucieux des dangers réels, un couple d'écureuils fratricides échafaudait mille stratagèmes pour se dérober mutuellement une noix, objet-finitude de toute leur existence. La leçon du parcours sonnait juste : la vie s'épanouit collectivement dans la dialectique créatrice des handicaps. Le ballet répétitif que mènent la convoitise, la violence et le dogme, forme des bulles abstraites qui détournent l'humanité des chemins inventifs du vivre-ensemble des espèces.

De l'Antiquité au Moyen Âge, les repères liés à la circumnavigation de la terre corroboraient la perception générale de la naissance à la mort que d'innombrables accidents venaient interrompre. Notre tâche consistait à entretenir les ponts, les cales et à garder en vie l'équipage d'un vaisseau tellurique et liquide dont nous ignorions la nature. Les navigations de Noé et d'Ulysse, les deux nautes les plus célèbres de notre histoire mythique, exploraient l'espace comme une succession d'escales dans l'espoir d'y bien vivre ou d'y bien mourir. Le mythe offrait aux légendes une promenade commune qui réconciliait l'Histoire des hommes avec l'acte fondateur et séparateur de dieux et des héros. Créer c'est toujours séparer sans déraciner. L'eau bat en retrait quand l'arbre s'installe. La Moyen Age s'est passionné pour cette verticalité buissonnante, de la montagne, de l'arbre et de la forêt.

L'époque moderne a voulu à toutes forces élargir les frontières étales et maritimes et, ce faisant à fixer des modes de vie, des langues dominantes et des codes d'expression qui relevaient d'une volonté de maîtriser le temps par le contrôle de ses espaces. L'aventure s'est déplacée de la nef Santa Maria de Christophe Colomb en 1495 à l'initiative de Lafayette ralliant sur la fragile frégate de l'Hermione les insurgés d'Amérique. La démarche industrielle, de type entrepreneuriale, procède de ces épopées qui cherchaient, comme Descartes le suggérait dans son *Discours de la méthode*, à dompter la Nature et à prendre le Temps en chasse. « Le temps veut fuir, je le soumets ». Comme pour le temps, découpé en heures et en rendez-vous minutés du « dieu horloger » de Voltaire, les mondes animaux et végétaux ont été taillés, détaillés, parqués et instrumentalisés. De cette attitude découle également la propension contemporaine à unifier le politique, la littérature et le cinéma par des scénarios efficaces de l'édition planétaire et du film à grand spectacle.

En ce XXIème siècle fragilisé par une crise financière qui révèle notre incapacité collective à préserver la nature, nous avançons paradoxalement, grâce aux difficultés qui nous assaillent, vers une réévaluation des ressources spirituelles, dont on ne connaît rien ou pas grand-chose. Celles-ci cependant, défient de leurs profondeurs océaniques, toutes les inventions technologiques fragmentées qui nous promettaient un avenir apaisé, dans les espaces balisés de leur contrôle économique. Le cerveau puis l'esprit, voire pour certains l'âme ou la « conscience collective » du monde, réactualisent à l'époque industrielle, des interrogations que les philosophies primitives avaient su entretenir.

Depuis quelques années, les métaphores changent donc imperceptiblement de camp : on ne parle plus d'un « dieu horloger » ni même, comme l'ont suggéré les premiers informaticiens, d'un cerveau comparable à un ordinateur ultrasophistiqué. Notre humanité, reliée au monde par mille fils anciens, méconnait le plus souvent ce tissage subtil de forces et de formes dont elle reste, parfois à son insu, l'artisan principal. À l'écoute des pensées de Démocrite puis de Pascal, les inventions apparaissent comme de simples désinences fonctionnelles d'un être aux extraordinaires pouvoirs dormants. Dans cette redécouverte de la parabole des « Sept Dormants », le bon sens populaire rejoint en boucle les formes les plus sophistiquées du récit contemporain, qui oscille entre la reconstitution d'un propulseur à partir du fragment ancien et le rafraichissant bain de jouvence des contes. Le fragment-objet porte en lui le noyau des choses. Le chemin du conte agit comme un fil directeur, au-delà du temps. Dans le conte, toute jeune fille qui décide de suivre son rêve est la garante du succès de ce rêve. La frontière se fonde dans l'accomplissement de soi, à travers une spirale intemporelle qui, s'inspirant des objets en présence, transforme les épreuves en victoires.

Le retour de la boucle ou de la spirale qui offre à récompense, multiplie les formes de ces armes de jet : éclat du silex, motte de terre, comète, court-métrage ou météore sont dans les récits, comme expulsés d'un espace-temps inconnu. Notre époque semble toute imprégnée de ce binôme. Les technologies audiovisuelles qui nous accompagnent, de la création du cinéma en 1895 jusqu'aux modes de la réalité augmentée, permettent le retour multiple, mimétique ou vertigineux du Temps redevenu le grand dévorateur. L'enregistrement des images et des sons, leur dialogue à partir de 1929 et l'invention de la musique concrète en 1948, rend factice le conflit séculaire des Anciens et des Modernes, par le don inouï du passé, qui revient à la fois en boucle et en fragment augmenté.

Le film *Avatar* (James Cameron, 2009, Canada) se déroule sur la planète Pandora qui concentre, planète ou femme, toutes les dons des dieux de la mythologie grecque. L'avatar a pris le pas sur la fécondité des genèses anciennes. Sa présence nous pose à rebours la question de la matière et des filiations entre le monde minéral, végétal et animal, l'humain n'était que le dernier maillon de « la grande voix des choses », pour reprendre la langue inspirée du mystique rhénan du XIIème siècle, le discret maitre Eckhart.

De fait, au travers des images et des enregistrements des sons, la relation à l'espace-temps bouleverse les repères de nos visions, faisant surgir des traces mnésiques, dont on ne sait plus l'origine. Nous étions habitués depuis le Moyen Âge à valoriser l'intelligence qui discrimine sur celle qui englobe. Dans le cas d'une réflexion sur les « savoirs de frontières » collectifs, tout indice mnésique (image, son, texte, être vivant) est bon à prendre et à soupeser dans la matérialité auditive, visuelle ou tactile qu'il nous adresse. Le caillou animé du bord du chemin nous conduit au rêve, à l'œuvre ou à la mort. Si comme le remarquait Paul Claudel, *l'Œil écoute et l'oreille voit*, le touché de l'oreille vaut la caresse du regard : nos sens s'équilibrent dans la conjugaison des savoirs. Subtilement issue de la « littérature comparée » s'est constituée une attention scientifique plurielle, dans laquelle le « langage des choses » cher à Pierre Schaeffer, occupe le terrain central de l'expérience humaine, entre la phénoménologie, la biologie et l'ethnologie.

Dans cette confrontation des récits et des constructions artistiques, l'image reste une forme collective, qui relaie et télescope un passé que l'humanité redécouvre chaque jour. Nous avons besoin de ces relais comme nous avons besoin de l'apparition de dissymétries d'indépendance. Comme la matière terrestre qui se fracture, se chevauche et entre en fusion, la trace de nos intrusions dans le monde reste une densité merveilleusement enchevêtrée. L'innovation contemporaine désormais liée aux énergies fossiles, aux outils virtuels et aux recyclages plastiques, renforce l'hypothèse de Paul Valéry, qui prédit une entrée dans « l'avenir à reculons ».

Pour exemple, l'extraordinaire découverte des fresques préhistoriques de la grotte Chauvet coïncide dans le temps avec l'invention de la musique concrète. En 2011, le cinéaste Werner Herzog met en scène son parcours parmi les animaux peints de cette caverne. *La grotte des rêves perdus* révèle à nos yeux éblouis les fresques de la caverne, puis décrit la transformation du prédateur que nous sommes depuis le fond des âges, en un crocodile albinos et mutant, infiniment plus dangereux que le saurien des origines parce qu'il ne sait pas dans quel marigot il nage. Dans la grotte, les sujets des peintures ont été soigneusement choisis par les artistes chamans : des mufles de carnassiers, des chevaux et des rhinocéros voisinent avec une vulve isolée, que la lueur des torches découvre cachée dans un recoin de la caverne.

Selon les forts principes de Pierre Schaeffer en 1948, le vivant réservoir de formes sonores issues de la Nature, qualifiées de sons de « source » et de « roche », a présidé à la naissance de la musique concrète et devait en rester la garante contre les futurs « sons en béton » ou « en plastique » de mauvaise qualité issus de la musique électronique. Nos inventions, plastiques ou sonores, liées à l'imaginaire et au temps du rêve, qu'il soit préhistorique ou concret, nous incitent à réfléchir à ce que nous voulons préserver dans la transmission : le noyau dur du sens, mystique ou métaphysique de la matière, résiste à la démultiplication de ses artefacts, qu'ils soient les reflets platoniciens de la caverne ou les échos multiples de sons plastiques.

La créativité des formes analogiques

Cette confrontation des représentations préhistoriques avec l'invention de la musique concrète n'est pas sans force, car elle opère à vif dans l'inconnu des œuvres et des créations.

L'irruption des spécialités universitaires nécessite désormais plusieurs niveaux de vérifications scientifiques et demande au chercheur des connaissances variées qui sont des savoirs de frontières. L'approche transdisciplinaire mal aimée des institutions car elle leur résiste, correspond à ce que Roger Caillois caractérisait en 1965 par les « sciences diagonales »[30]. Celles-ci nourrissent la comparaison des niveaux d'organisation des structures et relie l'observation de la symétrie avec celle de la spirale. De même, l'idée des « savoirs créatifs », correspond à des savoirs arborescents ou de delta, qui ont, dans toutes les religions, symbolisé la croissance du monde. Comme Caillois le suggère dans un récit homonyme, la métaphore du fleuve Alphée, l'eau des profondeurs, peut donner la clef de la danse entre la résurgence du passé et nos présences au monde.

Les images et les sons qui influent sur notre psyché collective attisent comme un feu la nature brouillonne de la connaissance actuelle, à la fois ramifiée et parcellaire. Par contre, la **créativité des formes analogiques**, offre à mon avis, une méthode fiable pour comprendre le dédale des temporalités enchevêtrées qui font jaillir ensemble les illusions des simulacres et les traces du passé. N'oublions pas que l'éthique fait sa gerbe de tous ces rameaux divers. Le sens commun, cette délicate expression du partage populaire, a depuis toujours construit les arborescences de la communication symbolique, source noire difficile à transmettre mais qui resurgit dès que nous avons des difficultés à nous expliquer. La construction de la frontière s'effectue sur de l'organique ancien, du vivant, du monument et de l'artefact, dans un constant dialogue de signes. Il faut comparer la fascination de Roger Caillois pour l'immémoriale mémoire des pierres, témoins muets d'un tellurisme formidable avec l'inlassable travail de petit Poucet d'un autre écrivain, Pascal Quignard. Dans son livre *Abîmes* (2002), il nomme le point de départ de la mémoire humaine, le « jadis », souvenir de la matrice que le Temps a englouti. Ce Jadis indiscernable crée en chacun d'entre nous une blessure nostalgique, qu'aucune ligne de fuite ne viendra jamais apaiser. Malgré le recours extatique du « sentiment océanique » annoncé dans les années 1920 par Romain Rolland

[30] Roger Caillois, article « Nouveau plaidoyer pour les sciences diagonales » in *Cases d'un échiquier*, Gallimard (1970), avec cette phrase : « l'audace s'est donnée pour tâche d'établir des chemins de traverse plus hasardeux »

dans ses lettres à Freud[31], le silence de la contemplation forme seule ressource, car il révèle le travail souterrain des origines.

De fait, la nostalgie du « jadis » et la chasse originelle se complètent au travers des multiples formes-pensées qui sont les nôtres : la faim crée le désir, l'admiration est carnivore, et toute cette frustration consumériste crée de la vitesse, dans un cycle exponentiel de dépendances droguées à l'énergie. S'il fallait encore en douter, le philosophe allemand Peter Sloterdijk en décrit les méfaits dans son essai de 1989 *La mobilisation infinie : vers une critique de la cinétique politique,* après le français Paul Virilio, autour de *Vitesse et politique* (1977).

Cependant, l'intoxication issue d'une énergie alliée à une démesure n'est pas à proprement parler une limite et ne suscite pas vraiment de savoir dans la mesure où la frontière recule jusqu'à l'asphyxie ou à l'éboulement de l'imaginaire. Aller à l'arbre de la connaissance sans précautions réveille une ancienne histoire de pomme dont l'avertissement résonne depuis des millénaires. Au tournant du XXème siècle, les Futuristes italiens ont espéré en vain que cette nouvelle frontière de l'énergie calquée sur les machines, apporterait une révolution radicale, une sorte de « pouvoir créateur de la machine ». L'architecte Virilio a, depuis cinquante ans, dénoncé ce « futurisme de l'instant », dont le temps réel des réseaux sociaux s'est fait le chantre.

Nous abordons un temps que Pascal Quignard décrit ainsi :
« La plus grande époque de la Renaissance aura été la fin du XXème siècle. Le monde se trouva accru au début du XXIème siècle d'une durée d'un abîme, d'un vertige, d'un savoir, d'un héritage animal, biologique, naturel, céleste à proprement parler inimaginable dans tous les temps historiques. (...) Le temps de la généalogie privée, le temps de l'histoire humaine, le temps de la chronologie de la nature, le temps de l'évolution de la vie, le temps de la matière, le temps de la terre, le

31 Sylvie Dallet & Émile Noël (dir.), *Les Territoires du sentiment océanique*, L'Harmattan, 2012.

temps des étoiles, le temps de l'univers ne forment plus qu'un seul bond » [32]

En réalité, la question des limites pose la question des récits comme bien commun et donne à repenser fortement, grâce aux simulacres, l'épaisseur du temps et l'ancienneté des territoires que ces récits convoquent. Nous naviguons avec pour équipage les savoirs émoussés des spécialisations intellectuelles et pour cordages les multiples récits dont nous savions naguère la robustesse : mythe ou récit des origines, conte ou récit des épreuves, drame ou épopées comme les récits d'une chasse sanglante ou victorieuse. Depuis deux siècles, le roman, le mélodrame et le fragment philosophique ou poétique sont des formes dont nos contemporains ne se lassent pas. Leurs styles mosaïques, modèlent l'espace environnant de leurs petites formes rythmées, stabilisées en minuscules observatoires dissymétriques, préservés du vertige. Ces œuvres sont, comme le service à la française, dressées sur la même table sans ordre apparent. Dans le repas médiéval axé sur la présentation, les mets se prenaient rarement chauds - sauf à les gloutonner. Pisteurs du monde au travers le web, nous devenons des sédentaires froids, perdant le goût du risque par la fébrilité de consommation que suppose l'abondance des mets. Un peu de ritualisation dans la dégustation de nos connaissances permettrait sans doute, par sa lenteur apprêtée, d'équilibrer nos appétits. Le retour de la lenteur offre un panorama éthique et esthétique sur la frontière des rites.

Depuis quelques années, les frontières des savoirs bougent. L'approche épistémologique de la culture a évolué d'une étude des représentations liées aux formes du pouvoir à une expression anthropologique expressive. En d'autres termes, la recherche sur les civilisations, les expressions artistiques et toutes les formes de récits du monde, se rapproche du besoin de compréhension global que nous construisons dans le quotidien.
Alors que le spectacle du monde prend le pas sur les politiques publiques, l'individu redécouvre dans le même temps, au travers la mul-

[32] Pascal Quignard, *Abîmes,* page 233, Gallimard, 2002

tiplicité des médias, la diversité de ses expressions. La corde se tend entre une expressivité exponentielle, imagée, vocalisée, rédigée, gestuelle et un univers irréel, dont les ressources s'appauvrissent. La recherche fondamentale réintègre sa fonction de sentinelle et de gardien de phare, défiant à la fois « l'art pour l'art » et la frénésie de l'innovation prométhéenne. Il faut espérer que ce jeu de la corde va donner aux humains une nouvelle chance d'intervenir dans le jeu du monde, par l'indignation et l'adaptation créative aux espaces suscités par les simulacres de l'imagerie audiovisuelle.

Questionner les sons

Dans ce questionnement sur le sens, les sons me paraissent primordiaux. Questionner les sons, c'est également revenir à ce langage des oiseaux que les Anciens pratiquaient subtilement. Le « qu'entends-tu par-là ? » est le corollaire du « maintenant on va ou ? » des images.

Pour citer une anecdote des années 1970, la compositrice Liz Deramond se moquait déjà des « sons réfrigérés » de la sonothèque idéale de ses collègues qui mélangeaient les sons sans précautions, comme autant d'apprentis alchimistes. Les premiers expérimentateurs, avaient séquencé le son « vivant » et se délectaient à créer par désossement, des produits hybrides ou monstrueux issus d'un roulement de cailloux, du cri d'un cochon, d'une transformation de bruit de locomotive. La musique était absente de ces essais, comme reléguée à l'arrière-plan et le goût du raffinement disparaissait au profit de la modélisation.

Assez rapidement les sons issus des instruments nouvellement crées se sont répandus dans les lieux où la production de masse leur correspondaient : cette Muzzak a perforé de ses bruits épuisants la première part de cerveau des promeneurs des centres commerciaux. Mais ils sont aussi allés à l'assaut des environnements calmes. Le delta du Danube, pour exemple, décrit par le géographe Hérodote au Vème siècle avant notre ère, comme une terre impénétrable, témoigne d'une histoire signifiante qui devient une fable de la civilisation : colonisé au

XVIIIème siècle par quelques cosaques qui avait émigré de l'Ukraine, cette population de pêcheurs poètes, attentive aux hurlements des marées, aux coassements des grenouilles et au cri des oiseaux cormorans a vu arriver des touristes amoureux de la nature, puis des camps de vacances, une festival de cinéma puis un festival de musique électronique, créant un enfer sonore qui, dans une métaphore de la modernité, dresse les pêcheurs contre les touristes, les artistes contre les écologistes et met en concurrence dans une cacophonie ahurissante, les cormorans, les chants polyphoniques ukrainiens et les improvisations des disc-jockeys.[33]

Il existe une troisième voie qui développe aujourd'hui dans le domaine du son enregistré, une nouvelle frontière sur laquelle les neurophysiologistes se penchent : après la transe obtenue par roulement du tambour puis par balancier des mouvements oculaires, on peut créer des états de transe à partir de sons inharmonieux. Ceux-ci, selon les cas, soignent ou développent des états délirants chez les usagers. [34] Ce produit musical stupéfiant utilise en effet une technique auditive caractérisée dès 1839 par le physicien Wilhelm Dove[35], sous le titre de « bat-

---

[33] J'ai également souvenir d'un véritable combat artistique et éthique, mené par un pianiste de jazz improvisant sur un magnifique piano mis à disposition par un centre commercial : l'homme et l'instrument luttaient dans l'improvisation singulière de la conscience contre le bruit musical déversé par les boutiques.

[34] Pour exemple, le forum I. doser-X France réservé aux adeptes de ces trips audio ne cesse de croitre en audience, à la suite de son homologue américain.

[35] Le battement binaural ou « son binaural » est un artéfact de traitement auditif, c'est-à-dire des sons apparents, dont la perception apparaît dans le cerveau indépendamment de stimulus physiques. Cet effet a été découvert en 1839 par Heinrich Wilhelm Dove. Le cerveau produit un phénomène résultant en des pulsations de basse fréquence dans le volume sonore d'un son perçu lorsque deux tonalités à des fréquences légèrement différentes sont présentées séparément, à chaque oreille du sujet (on utilise aujourd'hui pour ce faire un casque stéréo). Un battement sera perçu, comme si les deux sons se mélangeaient naturellement, en dehors du cerveau. La fréquence des tonalités doit être inférieure à environ 1 000 à 1 500 Hz, pour que le battement soit perçu. La différence entre les deux fréquences doit être faible (inférieure à 30 Hz) pour que l'effet se produise, sinon les deux tons seront entendus séparément et aucun battement ne sera perçu. De fait, les battements binauraux pourraient influencer le cerveau de manière subtile, par le biais de l'entraînement de

tement binaural ». Deux sons de fréquence différente envoyés dans chaque oreille déclenchent en effet l'apparition d'une troisième fréquence susceptible de modifier les ondes cérébrales. Ces sons amènent l'être humain à des états de conscience peu accessibles en temps ordinaire.

Nous revenons par cet étrange biais aux exercices psychiques que la transe opère depuis des millénaires chez les peuples premiers et sous des formes audiovisuelles chez les artistes et les créateurs contemporains. Apollon dieu de la musique, avait donné naissance à Esculape, dieu de la médecine : le réagencement des sons et des images originelles correspond à un accouchement de renaissance, qui, s'il est ritualisé dans une belle intention, libérer à la fois la création artistique et les savoirs de soin. L'attention portée aux procédures d'accouchement reste un des fondements du questionnement sociétal, depuis que le théâtre antique célèbre la part d'inattendu de toute naissance. Ce chœur antique, expérimente le fait que, bien avant le théorème de Gödel, le Tout ne peut s'expliquer par la seule somme des parties, ni même par un inventaire fin de ses composantes. La structure est une chose vivante.

La règle de la Quinte

Je voudrais maintenant, après avoir rapidement survolé ces éléments du retour aux mécanismes psychiques les plus profonds, proposer quelques repères d'orientation pérennes. Nous sommes, comme l'essayiste Caillois le signale et le biologiste Georges Chapouthier le confirme, des êtres de **je, de jeu et d'enjeux**. Depuis l'enfance, l'humanité pratique avec persévérance quatre jeux fondamentaux, jeux de compétition, de mimétisme, de hasard ou de vertige. Nous ne sommes pas des êtres finis à notre naissance et cette immaturité conditionne nos épreuves adultes. Parmi ce jeu des quatre coins, terrible-

---

la pensée et donc être utilisés dans les domaines du soin et de la santé. Des expériences sont menées au travers d'instruments de musiques tels que la guimbarde.

ment dissonants ou démocratiquement complémentaire, la frontière se construit en profonde variable.

En d'autres termes, nous sommes dans une société harmonique dès que les groupes aménagent des modes de coexistence en passions accordées, suscitant une quinte qui réunit les précédentes d'un son spirituel. À l'inverse, le déséquilibre de l'expression conduit à un appauvrissement social et spirituel drastique. « Toute l'humanité porte ou a porté des masques » écrit Caillois dans l'exploration de cet univers qui est à la fois un « échiquier et un roncier ». Pour analogie, les chorales sardes à quatre chanteurs appellent cette voix combinatoire qui surgit du nom poétique de « voix de la Vierge », en frontière vive, fluide et apaisée.

La règle des quatre valeurs et de la quinte se retrouve a bien d'autres niveaux : niveaux de styles, niveaux de goût, niveaux de responsabilité. Dans une précédente étape du séminaire « Savoirs créatifs »[36], le généticien Axel Kahn rappelait que nous nous distinguons du monde animal par deux caractères : le raisonnement logique et l'admiration pour la beauté. Ces qualités, alliées au rire d'Aristote, sont des marqueurs profonds des modes de vie. L'émergence des savoirs nouveaux n'échappe pas à ce franchissement discontinu des frontières utopiques du rire, de la logique et de la recherche du beau, celles-ci formant à la fois le goût, le style et la conscience réfléchie de ses responsabilités.

Pour revenir à la notion de perspectives « diagonales » que Caillois applique aux sciences et à l'apprentissage des savoirs fondamentaux, il semble important de ne plus se cantonner au pré carré des connaissances savantes, ensaché de murailles austères jalousement gardées, mais d'ouvrir des fenêtres qui permettent aux sciences et aux arts le regard oblique de la perspective.
Dans cette dialectique, les langues et les langages artistiques sont, par leurs entrecroisements entre le populaire et le savant, demeurent les

36 Séminaire nomade « Savoirs créatifs, savoirs migrateurs », étape « Éthiques du Goût », Actes à paraître 2014.

outils exploratoires d'un monde qui mue. L'initiative actuelle d'une équipe anonyme d'étudiants de Beaux -Arts, peignant de couleurs vives les marches de quartiers de Beyrouth-Est participe de cette esthétique créative, dont je ressens en profondeur la dimension éthique[37].

Les frontières ne peuvent être abolies, car elles agissent comme des cours d'eau dans nos structurations sociétales. Chacun peut choisir les traverser et accorder une attention confiante à la qualité des connaissances que le chemin de retour lui apporte. Passer la frontière signifie apprendre, même si de l'autre côté du pont avancent vers nous quelques fantômes. Ce ne sont que des ombres sans épaisseur, des tigres de papier.

Il me semble que pour comprendre la valeur nécessaire de ces fleuves adjacents à nos vies, il faille mesurer leur résistance au franchissement à quatre, cinq voire à sept niveaux de densité distincts. Pour règle simple, si dans chaque choix important, les personnes et les institutions réglaient leurs parcours sur l'expertise des cinq niveaux qualitatifs d'usage, nous saurions vraiment **où nous sommes et quelles routes emprunter**.

Le fleuve Alphée, notre secrète matrice, nous dirige en accord et dans le sens des choses. Nous pouvons, à l'écoute de la diversité, de la joie et de la beauté de notre chemin, évaluer s'il nous relie au bien-être social ou s'il nous en détourne.

---

[37] « L'objectif est de faire participer tout le monde et de faire partager la passion avec laquelle nous peignons Beyrouth", déclarent les membres de Dihzahyners, un groupe de jeunes d'une vingtaine d'années qui veulent transformer la capitale libanaise. Fondé en avril dernier par des étudiants en design graphique de l'Université américaine de Beyrouth, ce collectif s'emploie à mettre de la couleur dans la ville en peignant les marches nichées au milieu de quartiers comme celui d'Achrafieh [dans l'est de Beyrouth]. "L'idée est venue d'une inspiration autant que d'une aspiration : nous voulions illuminer les rues de Beyrouth", fait valoir le collectif qui, croyant fermement au travail d'équipe, refuse de décliner des identités personnelles. "Nous espérons que ces couleurs pourront aider à changer les comportements et les mentalités dans la société. Cela sert à montrer que certains sont attentifs aux habitants, à l'ambiance. C'est une initiative née du besoin d'agir et de faire quelque chose de productif et de touchant pour notre belle cité."

La densité de l'approche lente des choses induit la démarche du respect, se nourrit de confiance et passe le relais aux inconnues des nouvelles frontières.

Les auteurs :

Kenneth White, poète, essayiste et fondateur de l'Institut International de Géopoétique (Écosse/ France).

Daniel Leuwers, poète et essayiste, créateur du modèle du livre d'artistes appelé « Livres Pauvres », professeur émérite à l'Université de Tours (France).

Isabelle Lassignardie, archiviste et poète, membre associé au Centre de recherches en arts « Images et formes » (Université de Picardie Jules Verne - France).

Carine Doumit, monteuse, enseignante à l'Université Saint-Joseph (Liban).

Jean-Louis Bompoint, réalisateur, directeur adjoint de l'ESRA Côte d'Azur, doctorant (France).

Paul Mattar, directeur du théâtre Monnot, metteur en scène et acteur (Liban).

Roger Assaf, metteur en scène, créateur du Théâtre Hakawâti (Liban).

Jacques Arnould, théologien, chargé de mission sur la dimension éthique, sociale et culturelle des activités spatiales au Centre National d'Études Spatiales (France).

Pascal Dibie, ethnologue, professeur à l'Université Paris 7-Diderot, URMIS, (France).

Florence Dupont, professeur émérite de littérature latine à Paris 7-Diderot, directrice de programme au Collège International de Philosophie (France).

Jarjoura Hardane, directeur de l'école doctorale « Sciences de l'homme et de la société », professeur à l'Université Saint-Joseph (Liban).

Gaby Maamary, historien et critique d'art, enseignant à l'ALBA - Université de Balamand (Liban).

Élie Yazbek, maître de conférences, directeur de l'Institut d'études scéniques, audiovisuelles et cinématographiques de l'Université Saint-Joseph (Liban).

Sylvie Dallet, professeur des universités (Paris-Est), directrice de recherches CHCSC-Université Versailles Saint-Quentin, responsable du programme international "Éthiques de la Création" /Institut Charles Cros (France), peintre.

L'HARMATTAN ITALIA
Via Degli Artisti 15; 10124 Torino

L'HARMATTAN HONGRIE
Könyvesbolt ; Kossuth L. u. 14-16
1053 Budapest

L'HARMATTAN KINSHASA
185, avenue Nyangwe
Commune de Lingwala
Kinshasa, R.D. Congo
(00243) 998697603 ou (00243) 999229662

L'HARMATTAN CONGO
67, av. E. P. Lumumba
Bât. – Congo Pharmacie (Bib. Nat.)
BP2874 Brazzaville
harmattan.congo@yahoo.fr

L'HARMATTAN GUINÉE
Almamya Rue KA 028, en face du restaurant Le Cèdre
OKB agency BP 3470 Conakry
(00224) 60 20 85 08
harmattanguinee@yahoo.fr

L'HARMATTAN CAMEROUN
BP 11486
Face à la SNI, immeuble Don Bosco
Yaoundé
(00237) 99 76 61 66
harmattancam@yahoo.fr

L'HARMATTAN CÔTE D'IVOIRE
Résidence Karl / cité des arts
Abidjan-Cocody 03 BP 1588 Abidjan 03
(00225) 05 77 87 31
etien_nda@yahoo.fr

L'HARMATTAN MAURITANIE
Espace El Kettab du livre francophone
N° 472 avenue du Palais des Congrès
BP 316 Nouakchott
(00222) 63 25 980

L'HARMATTAN SÉNÉGAL
« Villa Rose », rue de Diourbel X G, Point E
BP 45034 Dakar FANN
(00221) 33 825 98 58 / 77 242 25 08
senharmattan@gmail.com

L'HARMATTAN TOGO
1771, Bd du 13 janvier
BP 414 Lomé
Tél : 00 228 2201792
gerry@taama.net

633727 - Décembre 2015
Achevé d'imprimer par